本教材是贵州省虚拟仿真金课“商务服务专业群项目管理”项目；贵州商学院工商管理一流专业建设项目、贵州商学院校本教材建设项目“商业项目管理实验活页式教程”的阶段性成果

商业项目管理实验教程

杨　敏　彭　澜／主　编
李韵怡　林　洁　吕　立　朱　静／副主编

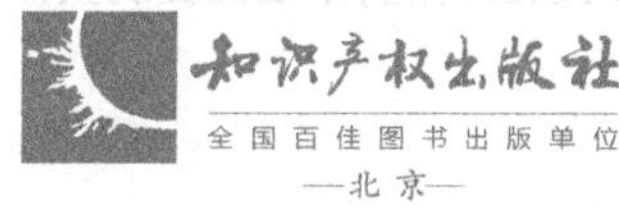

知识产权出版社
全国百佳图书出版单位
—北京—

图书在版编目(CIP)数据

商业项目管理实验教程 / 杨敏，彭澜主编；李韵怡等副主编. -- 北京：知识产权出版社，2025. 7. --ISBN 978-7-5245-0042-1

Ⅰ. F224.5

中国国家版本馆CIP数据核字第2025VH9470号

内容提要

本教材通过项目管理原理认知、企业咨询项目管理实验、人员招聘项目管理实验、新媒体营销项目管理实验、商业危机公关项目管理实验和商业项目管理实验总结6个项目阶段，对商业项目角色进行细致划分。通过分阶段、分场景的仿真学习模式，引导学生在一个统一的商业项目管理目标下，实现各角色的有机融合。

本教材适合作为工商管理、项目管理及相关专业的本科生和研究生的教学用书，同时也适合作为企业管理人员、项目经理等从事商业项目管理工作的专业人士的参考书籍。

责任编辑：李小娟　　　　**责任印制**：孙婷婷

商业项目管理实验教程

SHANGYE XIANGMU GUANLI SHIYAN JIAOCHENG

杨　敏　彭　澜　主　编

李韵怡　林　洁　吕　立　朱　静　副主编

出版发行：知识产权出版社有限责任公司	**网　　址**：http:// www. ipph. cn http:// www. laichushu. com
电　　话：010-82004826	
社　　址：北京市海淀区气象路50号院	**邮　　编**：100081
责编电话：010-82000860转8531	**责编邮箱**：laichushu@cnipr.com
发行电话：010-82000860转8101	**发行传真**：010-82000893
印　　刷：北京中献拓方科技发展有限公司	**经　　销**：新华书店、各大网上书店及相关专业书店
开　　本：720mm×1000mm　1/16	**印　　张**：24
版　　次：2025年7月第1版	**印　　次**：2025年7月第1次印刷
字　　数：414千字	**定　　价**：85.00元

ISBN 978-7-5245-0042-1

前言

在商业环境日益复杂多变的当下，企业对具备实战能力的项目管理人才需求愈发迫切。传统的理论教学模式已难以满足培养高素质应用型商业项目管理人才的要求，而实验教学作为连接理论与实践的重要桥梁，在提升学生综合能力方面发挥着不可替代的作用。基于此，我们编写了这本《商业项目管理实验教程》，旨在为工商管理专业及相关领域的师生提供一套系统、实用的实验教学指导用书，助力学生将理论知识转化为实际操作能力，培养其在商业项目管理中的沟通协调、分析决策与创新能力。

本教材在编写过程中，始终以培养学生的卓越实践能力为核心目标。为满足商业项目管理岗位的实际需求，教材不仅涵盖了项目管理的基础理论知识，更着重设计了丰富多样的实验教学内容。针对不确定环境对商业项目管理过程可能造成的影响，以项目管理原理为指导，结合商业项目管理实践，模拟了从项目启动、计划、执行、控制到收尾的全过程。通过设置多种现实风险触发机制，强化学生对商业项目管理知识的应用，提升他们在决策过程中的分析问题和应对变化的能力，真正实现知识向能力的有效转化。

本教材的实验教学内容基于项目管理原理，模拟了从项目启动到项目收尾的全流程。从管理核心要素的角度出发，还原真实商业项目管理实践，培养学生在商业项目综合管理方面的能力，具体包括商业项目整合能力、商业项目进度控制能力、人员配置能力、成本预决算能力及风险控制能力。课程采用线下手工沙盘操作的教学方式，设置了项目经理、进度负责人、人力资源管理负责人、采购负责人、成本负责人及风险负责人6个角色，强调角色间的协作沟通。教学内容从基础项目管理逐步拓展到复杂项目管理，包括项目管理原理认知、企业咨询项目管理实验、人员招聘项目管理实验、新媒体营销项目管理实验、商业危机公关项目管理实验及商业项目管理实验总结6个项目阶段，帮助学生逐步提升商业项目管理实践技能，引导学生进行自主探究式学习。

在使用本教材时，教师与学生应高度配合，充分发挥教材的指导作用。对于教师而言，可根据教学大纲和学生的实际情况，合理安排各实验项目的教学进度，通过设定合理的时间流速(可使用PPT自动跳转日期),按照各项目任务分解表推进项目进程。在教学过程中,根据学生模拟操作商业项目管理的进程随机收取学生活页,以供检查、勘误、点评、评分,应注重引导学生主动参与实验,扮演好不同的项目角色,通过团队协作完成实验任务。同时,要关注学生在实验中的表现,及时给予指导和反馈,帮助学生发现问题、解决问题,加深对商业项目管理知识的理解和应用。对于学生来说,在使用本教材前,应先掌握一定的项目管理基础理论知识。在实验过程中,要明确自身的角色定位,积极参与团队协作,严格按照实验流程操作,做好时间参数设计和进度控制,制定甘特图,按计划推进项目,并按照教师要求提交相关任务活页,供检查评分,认真记录实验数据和过程,主动思考实验中遇到的问题。通过模拟训练及不同商业项目场景的实践,深刻理解项目管理的原理和规则,做到融会贯通。此外,学生还应将实验学习与自主探究相结合,不断提升自己的商业项目管理实践技能。

本教材适用对象主要为工商管理专业及相关专业的本科生、研究生,也可供从事商业项目管理工作的从业人员参考学习。对于在校学生,通过本教材的实验教学,能够整合商业项目管理中的多方面知识,形成结构化的商业实践知识体系,培养团队协作意识和在商业项目场景中的灵活应变能力。对于从业人员,本教材可作为提升商业项目管理能力的参考资料,帮助其在实际工作中更好地应对各种商业项目管理问题。

本教材是贵州省虚拟仿真金课“商务服务专业群项目管理”项目;贵州商学院工商管理一流专业建设项目、贵州商学院校本教材建设项目“商业项目管理实验活页式教程”的阶段性成果。我们希望通过本教材的使用,能够为商业项目管理实验教学提供有力的支持,推动教学模式的创新与改革,培养出更多适应市场需求的高素质商业项目管理人才。由于编写时间仓促和编者水平有限,教材中难免存在不足之处,恳请广大师生和读者批评指正,以便我们进一步完善。

目　　录

绪　　论 ……001
一、商业项目管理实验教学的地位和作用 ……001
二、商业项目管理实验的教学目标 ……001
三、商业项目管理实验的教学内容 ……002
四、商业项目管理实验教学的基本要求 ……003
项目一　项目管理原理认知 ……005
一、教学目标 ……005
二、教学要求 ……005
三、知识框架 ……005
四、学习体会与总结 ……027
项目二　企业咨询项目管理实验 ……029
一、实验目标 ……029
二、实验要求 ……029
三、实验步骤 ……030
四、企业咨询项目管理实验情境 ……031
五、企业咨询项目管理实验规则 ……031
六、实验表单 ……035
项目三　人员招聘项目管理实验 ……111
一、实验目标 ……111
二、实验要求 ……111
三、实验步骤 ……111
四、人员招聘项目管理实验情境 ……112
五、人员招聘项目管理实验规则 ……113
六、实验表单 ……117
项目四　新媒体营销项目管理实验 ……213
一、实验目标 ……213

二、实验要求 ······213
三、实验步骤 ······214
四、新媒体营销项目管理实验情境 ······215
五、新媒体营销项目管理实验规则 ······215
六、实验表单 ······219
项目五 商业危机公关项目管理实验 ······293
一、实验目标 ······293
二、实验要求 ······293
三、实验步骤 ······294
四、商业危机公关项目管理实验情境 ······295
五、商业危机公关项目管理实验规则 ······295
六、实验表单 ······299
项目六 商业项目管理实验总结 ······373
一、实验目标 ······373
二、实验要求 ······373
三、实验步骤 ······373
四、实验总结 ······373

绪　论

一、商业项目管理实验教学的地位和作用

商业项目管理实验作为工商管理专业的核心必修课程，旨在培养学生在沟通协调、商业项目分析与管理、决策支持及创新等方面的能力。

二、商业项目管理实验的教学目标

为满足商业项目管理岗位的需求并培养具备卓越实践能力的专业人才，本课程不仅涵盖了项目管理基础，还积极开展商业项目管理的实验教学。针对不确定环境对商业项目管理过程可能造成的影响，本课程以项目管理原理为指导，结合商业项目管理实践，模拟了从项目启动、计划、执行、控制到收尾的全过程。通过设置多种现实风险触发机制，本课程旨在强化学生对商业项目管理知识的应用，提升他们在决策过程中的分析问题和应对变化的能力，实现知识向能力的有效转化。

具体而言，本课程的教学目标主要包括以下几点。

1. 促进学生对商业项目管理知识的整合

商业项目管理在各行各业中广泛应用，课程内容广泛，涉及多个领域。本课程依托商业项目管理的多场景与沉浸式操作，将商业项目管理的理论、方法和工具，如关键路径法（Critical Path Method，CPM）、计划评审技术（Program Evaluation and Review Technique，PERT）、挣值管理（Earned Value Management，EVM）等，融入实践之中。学生能够整合商业项目管理中的整合管理、进度管理、成本管理、人力资源管理、采购管理、风险管理等多方面的知识，形成一个结构化的商业实践知识体系。

2. 培养学生的团队协作意识

商业项目管理实验以团队协作为基础教学方式，以项目工期和成本为主要考核指标，同时兼顾项目质量、范围把控及风险应对等多维度考核指标，更全面衡量学生项目管理实践成效，通过团队之间的竞争激发学生的学习兴趣，实现寓教于乐，旨在培养学生的团队合作、实际操作和沟通交流能力；通过模拟商业实战的角

色扮演，提升学生的职业认同感和集体荣誉感，对改善教学效果也将起到促进作用。

3. 培养学生在商业项目场景中的灵活应变能力

商业项目管理实验引入多样化商业项目管理场景，模拟全过程各种风险，构建知识学习与实战模拟联动机制、个人操作与团队协同操作共存模式，为学生提供学习和模拟训练的环境，培养学生发现问题和解决问题的能力，借助场景化实验方式增强学生的团队协作能力，并提升学生对“理论+实践”的综合认知水平。

三、商业项目管理实验的教学内容

如何掌握商业项目管理？

必须在理解上下工夫。“理解”是基础。坚持领悟项目管理的基本原理，学习基本规范，全面系统地学习、及时更新知识、深入思考、结合实际学习。努力使每一点都理解得深刻、透彻，不仅知其言，更知其意，不仅知其然，更知其所以然。

必须在深入理解上下工夫，达到融会贯通。在掌握基本原理和基本规则的基础上，通过基础训练、进阶训练及不同商业项目场景的实践，深刻理解原理和规则，做到融会贯通。

必须在实际行动上下工夫。“实”是我们的立足点。要紧密结合新时代的新实践和新要求，紧密联系思想和工作实际，强化问题导向、实践导向和需求导向，引导学生以商业项目负责人的身份，将自己、职责和工作全部融入其中。

商业项目管理实验课程主要内容基于项目管理原理，模拟从项目启动到项目收尾的全流程，从管理核心要素的角度，还原真实商业项目管理实践，培养学生在商业项目综合管理方面的能力（具体包括商业项目整合能力、商业项目进度控制能力、人员配置能力、成本预决算能力及风险控制能力）。

本课程采用线下手工沙盘操作的教学方式，设置6个角色，即项目经理、进度负责人、人力资源管理负责人、采购负责人、成本负责人及风险负责人的协作沟通。本课程内容从基础项目管理逐步拓展到复杂项目管理，帮助学生逐步提升商业项目管理实践技能，引导学生进行自主探究式学习。

本课程包括以下6个项目。

项目一：项目管理原理认知；

项目二：企业咨询项目管理实验；

项目三：人员招聘项目管理实验；

项目四：新媒体营销项目管理实验；

项目五：商业危机公关项目管理实验；

项目六：商业项目管理实验总结。

四、商业项目管理实验教学的基本要求

要求学生在学习和掌握项目管理相关理论的基础上，通过实战演练提升商业项目分析、推进及风险评估的能力，实现知识向实践能力的有效转化。借助多类型、多层次的虚拟项目场景，模拟实际商业项目的管理决策流程。学生根据教学环节的重点，结合自身角色，以团队合作的方式完成实验。通过教学与实践相结合，我们旨在使学生掌握以下内容。

(1)掌握商业项目管理的基础知识和基本理论，熟悉商业项目管理的基本流程和关键要素。

(2)掌握包括关键路径法、计划评审技术、挣值管理等在内的商业项目管理关键技术。

(3)掌握包括商业项目招投标、商业项目资源整合、商业项目进度控制、商业项目人员配置、商业项目物料配置、商业项目成本预决算及商业项目风险控制的商业项目综合管理技能。

(4)培养团队协作精神，提升沟通协调能力和决策支持能力，以适应复杂多变的商业环境。

(5)通过模拟实战，增强学生的问题解决能力和灵活应变能力，使学生能够面对实际商业项目中的挑战和不确定性。

(6)鼓励学生进行自主探究式学习，培养创新思维和实践能力，为未来的职业发展打下坚实的基础。同时，商业项目管理实验教学还要求学生能够：

(7)深入理解商业项目管理的伦理和社会责任，确保项目管理活动符合道德和法律规范，促进可持续发展。

(8)学会运用现代信息技术手段，如项目管理软件、大数据分析等，提高项目管理的效率和准确性。

(9)培养跨文化交流和国际合作的能力，以适应全球化背景下商业项目管理的需求。

为了达到上述要求，商业项目管理实验教学需要注重理论与实践的结合，采用多样化的教学方法和手段，如案例分析、角色扮演、模拟演练、小组讨论等，以激发学生的学习兴趣和主动性。同时，还需要建立科学的评价体系，对学生的项目管理能力、团队协作能力、创新能力等进行全面评估，以指导教学的持续改进和学生的个人成长。

项目一　项目管理原理认知

一、教学目标

本课程旨在通过全面回顾项目管理的理论框架与体系，加深对项目管理理性认知，熟悉项目管理全流程（涵盖启动、计划、执行控制、收尾阶段），并精准掌握项目管理基本原理、适配各阶段的关键技术及方法。

二、教学要求

教师将通过理论讲授，传授项目管理理论知识体系，要求学生能够掌握项目管理的基本概念、基本框架、项目生命周期（含启动阶段、计划阶段、执行控制阶段、收尾阶段）、项目管理过程、项目团队成员的职能、项目沟通管理和项目整合管理。教师将介绍项目管理实验沙盘，指导学生理解并掌握项目管理虚拟仿真实验的思维和逻辑。

三、知识框架

（一）项目

1. 项目概念

项目是为创造独特的产品、服务或成果，需开展临时性工作，通过投入人力资源与物质资源，组建临时性组织结构，依据限定的时间、成本和质量标准完成任务。

项目需要明确以下4个关键问题。

（1）提出问题及存在的机会？

（2）项目目标及实现这一目标所需的因素有哪些？

（3）如何确认项目已经成功？

（4）是否存在可能影响项目成功的假设、风险和障碍？

2. 项目特点

（1）明确性：项目具有明确的目标、载体、对象和范围。

(2)临时性:项目有明确的起点和终点。

(3)独特性:每个项目都会产生一个独一无二且无法复制的产品、服务或成果。

(4)一次性:项目一次性达成目标。

3. 项目目标的特点

(1)多目标性。

项目目标通常围绕时间、成本和质量三个基本目标构建。实施项目的旨在充分利用可利用资源,在既定时间和预算内,达成期望的技术成果。然而,这三个基本目标之间往往存在冲突,如在通常情况下,时间缩短需要以成本增加为代价,而时间与成本的投入不足可能妨碍技术性能的实现。因此,需要在三者之间进行适当的平衡。

(2)优先性。

不同项目关注的重点不同,如单纯的软件项目可能更关注技术指标和软件质量。当项目的三个基本目标发生冲突时,成功的项目管理者会采取适当措施进行权衡与协调。当然,项目目标的冲突不仅限于这三个基本目标,项目的总体目标体系之间也会存在协调问题,如不同层级目标(战略层面、策略层面、实施层面)或不同业务目标间的协调难题。这都需要项目管理者根据目标的优先性进行权衡和选择。

(3)层次性。

项目目标有三个层次,即战略性目标、策略性目标和执行性目标。这三者之间紧密联系,层层落实。在项目执行过程中,首先,需确立战略性目标;其次,制定策略性目标,如时间、质量和投资等方面的目标;最后,制定详细的实施计划,包括日期安排、人员配置和设备部署等。

4. 项目目标控制系统

在通常情况下,对项目目标进行管理需要建立模型,即项目目标控制系统模型,如图1所示。

从图1中可以看出,项目目标控制系统由目标执行职能子系统(受控子系统)、信息子系统和调节控制纠偏子系统(控制子系统)组成。

(1)目标执行职能子系统。目标执行职能子系统的职责在于确立项目目标的计划值,安排相应的计划活动,并确保最终达成项目目标。

(2)信息子系统。信息子系统作为连接和传输受控子系统与控制子系统的桥梁,为它们提供必要的“比较材料”和“存储资源”。

(3)控制子系统。控制子系统负责测量预期目录与实际进度的偏差，首先，分析导致偏差的原因及制定纠正偏差的方案；其次，向控制子系统发出纠偏指令；最后，监督其实现项目预期目标。

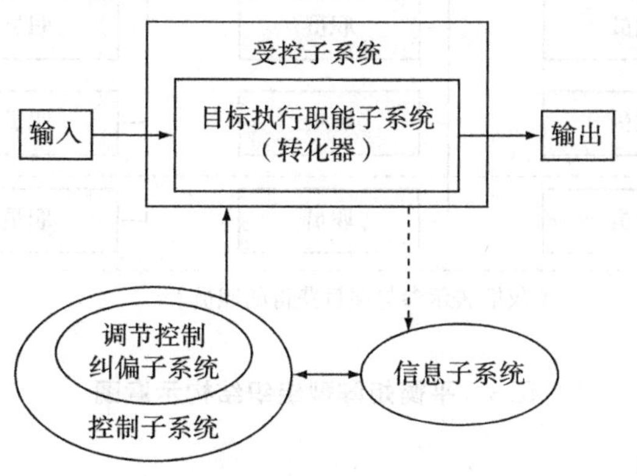

图1　项目目标控制系统模型

项目目标对项目的成功具有重要意义，它不仅明确了项目管理的努力方向，还确保项目团队与客户或业主之间达成共识。在一定程度上，项目目标能够激励项目组成员为实现项目目标而努力。项目目标也是评价项目成功与否的基准。

5. 项目的组织结构

项目型组织结构示意和平衡矩阵型组织结构示意详见图2和图3。

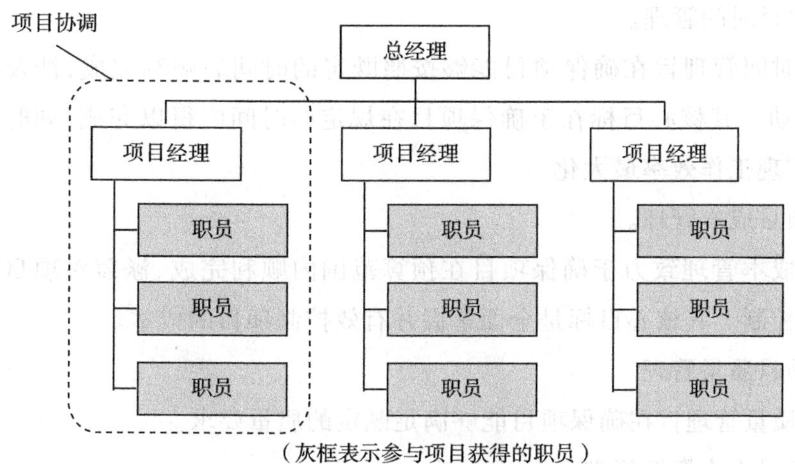

图2　项目型组织结构示意图

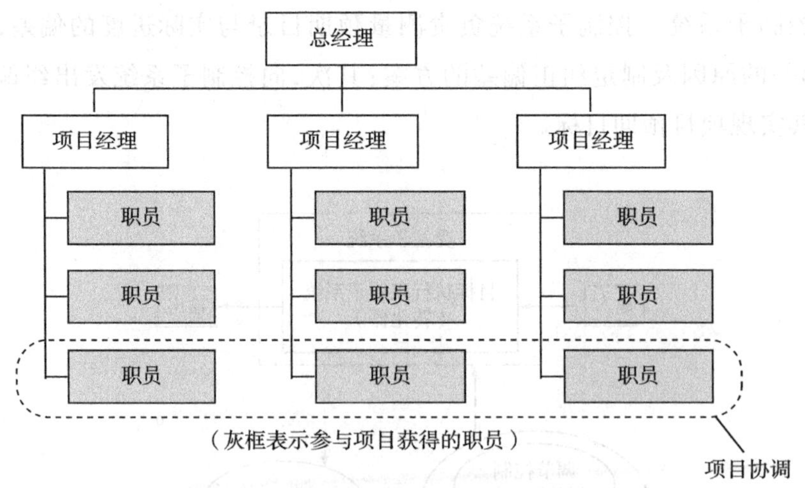

图3　平衡矩阵型组织结构示意图

(二)项目管理

1. 项目管理的概念

项目管理是指在项目活动中,运用专业知识、管理学技能、工具与技术,在有限资源和限定条件下,通过计划、组织、领导、控制等职能,对项目任务进行综合监督和控制,旨在解决项目问题、满足项目需求,达成或超越项目既定目标及相关各方期望的系统性管理活动。

2. 项目管理的知识体系

项目管理的知识体系包括以下几个方面的内容,详见图4。

(1)项目时间管理。

项目时间管理旨在确保项目能够按照既定的时间表顺利完成,涉及一系列项目管理活动。其核心目标在于确保项目在规定的时间内得以完成,同时合理分配资源,以实现工作效率最大化。

(2)项目成本管理。

项目成本管理致力于确保项目在预算范围内顺利完成,涵盖对项目成本的全面管理和控制。其核心目标是全面掌握并有效控制项目的成本。

(3)项目质量管理。

项目质量管理旨在确保项目能够满足既定的质量要求。

(4)项目人力资源管理。

项目人力资源管理致力于确保项目团队成员之间的紧密协作,提升团队成员的能力,从而发挥团队合作的潜力,以保障项目顺利进行。

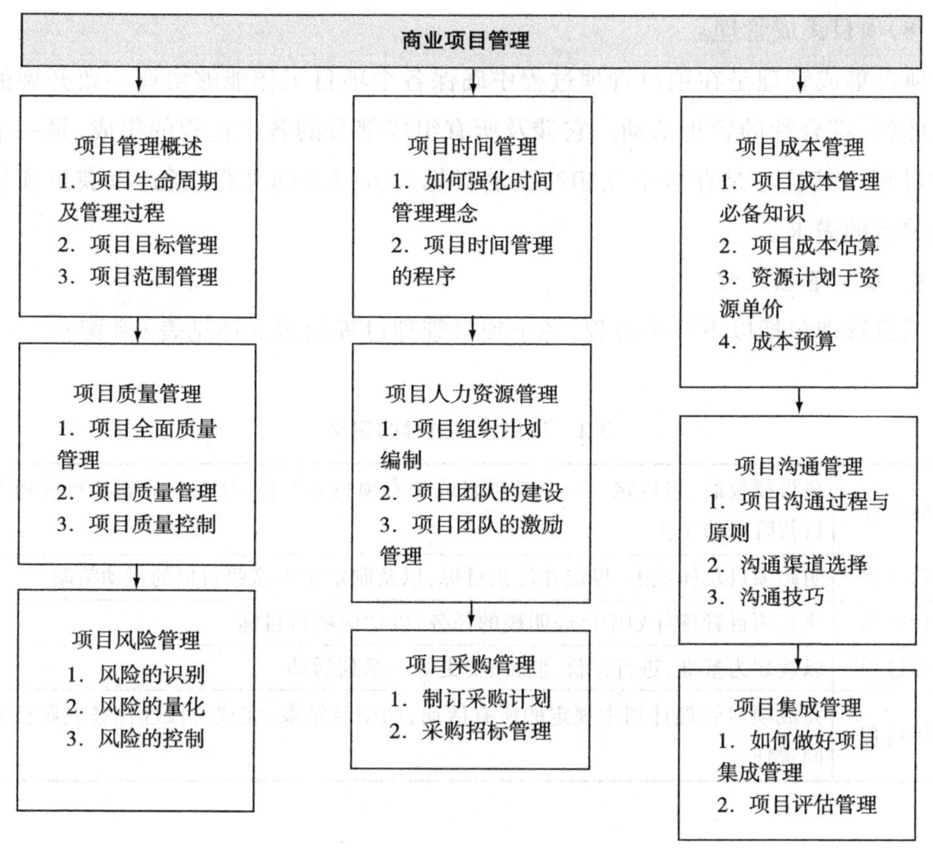

图4 项目管理的知识体系

(5)项目沟通管理。

项目沟通管理涉及确保项目信息的及时、恰当提取、收集、传播、存储及配置所必需的过程。它包括在人员、思想和信息之间建立有效的联系,是项目成功的关键因素。

(6)项目风险管理。

项目风险管理包括识别、分析不确定性因素,并对这些因素采取相应的措施。项目风险管理的目标在于将有利事件的正面影响最大化,同时将不利事件的潜在负面影响最小化。

(7)项目采购管理。

项目采购管理涉及一系列流程,目的是从项目组织的外部获取所需的货物和服务。

(8)项目集成管理。

项目集成管理是在项目管理过程中确保各个项目工作能够协调一致开展的一种整体性、综合性的管理活动。它涉及所有组成部分的各个过程的集成,是一个综合性过程。其核心是在多个互相冲突的目标和方案之间进行权衡,以满足项目利益相关者的需求。

3. 项目管理过程

项目管理包括以下几个过程,各个项目管理过程的定义详见表1和图5。

表1　项目管理过程的定义

启动过程	获得授权后,可以定义一个新项目或现有项目新阶段,从而开启新项目或现有项目新阶段的工作
规划过程	明确项目总体范围,界定并优化目标,以及制定实现这些目标的行动策略
执行过程	执行项目管理计划中已经明确的任务,以达成项目目标
监控过程	以规划为基准,进行评价、监督、变更等一系列活动
收尾过程	完成项目管理计划中规定的所有活动,如项目结束、完成阶段性任务或履行完合同责任

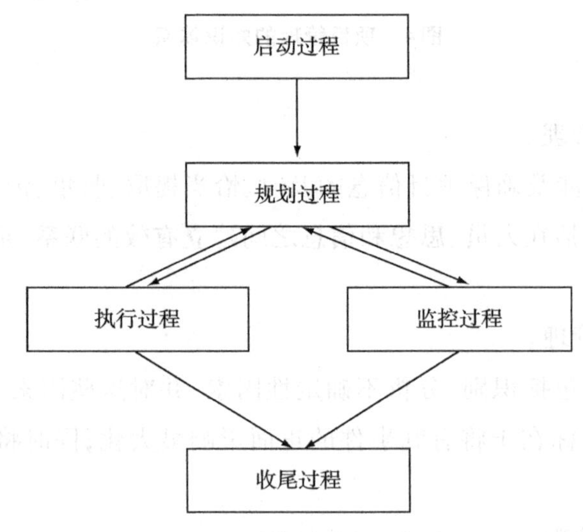

图5　项目管理过程示意图

(1)启动过程。

该过程是项目或现有项目新阶段获得正式批准立项;选定项目经理;项目团队得以组建。

(2)规划过程。

该过程是制定项目管理计划、进度计划、人力资源管理计划、物资计划、资金计划和风险应对计划。

(3)执行过程。

该过程是监控、审查并调整项目进度和绩效;指导和管理项目执行;实施项目进度控制;负责人员组织和招募;负责物资采购和准备;确保资金筹措和保障;进行风险识别、评估、分析及应对。

(4)监控过程。

该过程主要是识别必要的计划和变更,并进行相应调整。

(5)收尾过程。

在项目结束时,评估项目管理流程和绩效并进行项目总结。

4. 项目生命周期

项目生命周期展现了项目从启动至完成的自然演进过程。项目自启动至终结的整个流程可细分为若干个阶段。这些阶段的时限、目标、任务及里程碑共同构成项目生命周期。项目生命周期包括需求识别、制定方案、项目执行和项目结束四个阶段。在项目生命周期的各个阶段,不同组织、个人及资源承担着各自的责任,具体如图6所示。

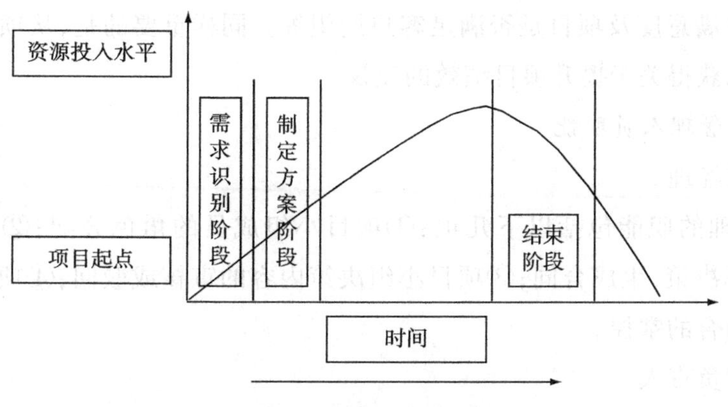

图6 项目生命周期

(1)需求识别阶段。

在此阶段,主要任务是确认需求、问题或机会,这可能促使客户向个人、项目团队或组织(承约商)征求需求建议书,目的是满足已确认的需求或解决问题。具体要求通常由客户在需求建议书(Request for Proposal,RFP)中明确指出。通过RFP客户能够要求个人或承约商提交申请书,阐述他们如何在成本和进度的限制下解决问题。

(2)制定方案阶段。

在此阶段,个人或多个组织(承约商)会向客户提交提案,期望客户为未来成功实施解决方案支付相应报酬。此阶段,承约商的准备工作至关重要。对于响应RFP的承约商而言,他们可能投入数周时间来构思解决方案,并评估所需资源的类型与数量,以及规划实施解决方案所需的时间。每个承约商都会以书面形式提交他们的提案,并将相关信息正式记录在案。最终,所有承约商的提案都将递交至客户处。

(3)项目执行阶段。

项目执行阶段始于客户确定了满足需求的解决方案,并与提交申请书的承约商签订合同。在这一阶段,将制定项目详细的执行计划,并按照该计划进行操作以达成项目目标。

(4)项目结束阶段。

项目结束后,仍需进行一系列后续活动。例如,确认所有应交付的货物是否已提交给客户,客户是否已经接收,所有款项是否已经交付并结算清楚,所有发票是否已经偿付,以便为未来执行类似项目提供参考。此外,此阶段还应收集客户反馈,了解客户满意度及项目是否满足客户期望等。同样重要的是,从项目团队那里获取反馈,以获得关于提升项目绩效的建议。

5. 项目管理人员职能

(1)项目经理。

项目经理的职能包括以下几项:①项目小组成员的角色分配;②项目信息评估,进行投标决策,生成合同;③项目小组决策内容的审核或驳回;④项目开始和暂停的控制、回合的掌控。

(2)进度负责人。

进度负责人的职能包括以下几项:①项目工作分解结构(Work Breakdown Structure,WBS)的生成;②项目活动逻辑关系的生成和工期估计;③项目活动时间参数计算;④项目进度计划的生成;⑤项目进度计划的变更和控制。

(3)人力资源管理负责人。

人力资源管理负责人的职能包括以下几项:①项目人员招募计划的编制;②项目人员招募;③项目人员薪资和状态调整;④项目人员优化分配;⑤人员冲突风险解决。

(4)采购负责人。

采购负责人的职能包括以下几项:①项目采购计划的编制;②项目设备和材料等资源的采购;③项目库存和设备维修管理;④项目资源配置;⑤项目设备损坏、库存不足等风险解决。

(5)成本负责人。

成本负责人的职能包括以下几项:①负责项目运行的资金拨付;②开展项目人员工资的核算;③统筹项目资金筹措;④实施项目挣值分析。

(6)风险负责人。

风险负责人的职能包括以下几项:①风险识别;②风险分析;③风险监控;④风险应对;⑤风险预警;⑥资料归档。

6. 项目管理的关键方法

(1)项目工作分解结构。

项目工作分解结构是项目管理工具,即将项目主要可交付成果分解为较小且更易于管理的单元,形成工作分解结构。

项目工作分解结构的作用在于:首先,明确说明项目的范围,并为各独立单元分派人员;其次,针对各独立单元,开展时间、费用和资源需求量的估算,提高时间、费用和资源估算的准确度;最后,为项目计划、预算、进度和费用控制奠定了基础,确定项目进度测量和控制的基准。

项目工作分解结构的基本原则包括以下几个方面。

①各层次应保持项目内容的完整性,分解结果应涵盖项目的全部范围和组成部分,不能有遗漏。

②一个项目单元只能从属于其上层单元,不能同时交叉属于两个上层单元。

③由一个上层单元分解得到的几个下层项目单元应具有相同性质。

④项目单元应能区分不同的责任人和不同的工作内容,具有较高的整体性和独立性。项目单元之间的工作责任应尽可能完善且明确。

⑤由于项目工作结构分解是为项目计划和控制实施服务的，是计划和控制的主要对象，因此它应该符合项目计划和项目控制的需要。

⑥项目工作分解结构应具有一定弹性，便于项目范围的扩展、内容的调整和结构的变更。

⑦分解应达到适当的详细程度。项目工作分解层次和单元过少，则项目单元上的任务和信息容量过大，难以具体地、精细地设计、计划和控制，从而失去分解的意义。项目工作分解较细，能够提高计划和控制的能力。但是，如果分解得过细，层次与单元太多，结构图、表将极为复杂，容易产生以下问题：项目工作分解结构失去弹性，机动灵活性较小，项目调整余地较小，或变更影响面太大；给计划工作带来很大困难，无形中增加了计划费用；项目管理中的信息处理量会成倍增加；有的项目管理者主观地想分解很细，但难以实现；会造成项目组织跨度过大和组织层次过多。

(2)项目进度计划。

项目进度计划要求明确定义每项活动的开始日期和结束日期，并进行反复确认。项目进度计划表的确定应根据项目网络图、活动工期估算、资源需求、资源共享情况，以及项目执行工作日历、进度限制、最早时间和最晚时间、风险管理计划、活动特征等因素统一考虑。进度限制即根据活动排序考虑如何定义各个活动之间的进度关系。进度限制一般有两种形式：一种是加强日期形式，以各个活动之间前后关系限制活动的进度，如一项活动不得早于某活动的开始或晚于某活动的结束；另一种是以关键事件或主要里程碑为节点，将其作为时间进度的决定性因素，制定相应的时间计划。

在制定项目进度计划表时，首先，采用数学分析方法，计算每个活动最早开始时间和最迟开始时间、结束时间，绘制时间进度网络图；其次，根据资源因素、活动持续时间和冗余因素可调整活动时间；最后，形成最佳进度计划。

关键路径法是时间管理中非常实用的一种方法，其工作原理是：为每个最小任务单位计算工期，定义最早开始时间和结束时间、最迟开始时间和结束时间，按照活动的关系形成顺序的网络逻辑图，找出项目中耗时最长和必需的路径，即为关键路径法。

(3)项目进度控制。

进度控制主要是监督进度执行情况，及时发现和纠正偏差或错误。在进度控制中要考虑影响项目进度变化的因素、进度变更对其他部分的影响因素、进度计划表变更时应采取的实际措施，具体方法如下。

①行政方法。用行政方法控制进度是指上级单位、上级领导及本单位领导，利用其行政地位及权力，通过发布进度指令，进行指导、协调和考核。行政方法控制进度的重点是进度控制目标的决策和指导，在具体实施过程中，应由项目执行者自行控制，尽量减少行政干预。

②经济方法。用经济方法控制进度是指有关部门和单位用经济手段影响和制约进度，项目提前完工给予经济奖励，推迟完工要受到经济处罚。例如，在承发包合同中，写进有关工期要求的条款；业主单位通过招标进度优惠条件鼓励实施(施工)承包商加快进度；业主单位通过工期提前奖励和延期罚款实施进度控制。

③管理技术方法。进度控制的管理技术方法是指规划、控制和协调。首先，通过规划确定项目的进度总目标和分目标；其次，控制是在项目实施全过程中，比较计划进度与实际进度，发现偏差后及时纠正；最后，通过协调项目建设各方之间的进度关系，以实现进度控制的目标。

④法律方法。项目实施与承包常以合同的方式推行。在承包合同中，通常包含关于工期的条款、超期完工会承担违约责任。法律约束也是进度控制的常用手段之一。

(4)项目进度计划检查方法。

在项目实施过程中，项目管理者收集到实际进度信息后，通常需与计划进度进行对比分析，以确定是否存在进度偏差，并分析导致拖延的原因。可见，进度计划检查方法是进度控制中的基本分析方法，具体包括以下三种分析方法。

①横道图比较法是将实际进度信息整理后，以横道线形式并列于原计划横道线上，进行直观对比，是目前常用的进度分析方法。

②工期比较法可以清楚地反映实际工期和计划工期的对比情况。

③实际工程量比较法能够体现工程活动开始与结束时间，对已开工未完工的项目，估算其已完成的工程量的百分比，按实际完成工程量的百分比标出横道线长度，借前锋线(检查日期)反映进度是拖延还是提前(见图7)。

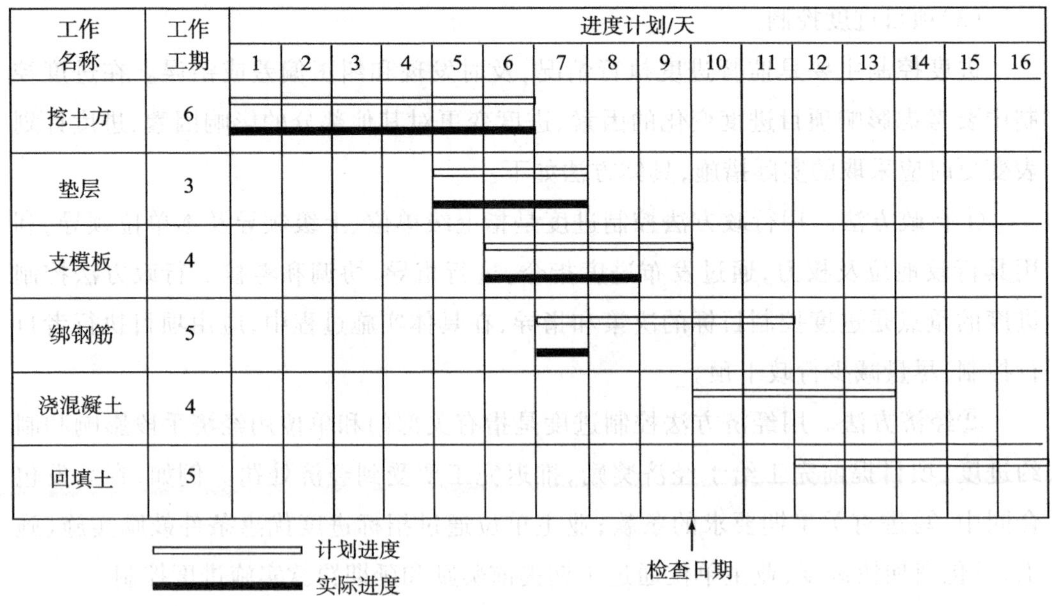

图7　某项目施工计划横道图

7. 项目预算

项目预算编制可采取两种策略：自上而下与自下而上。自上而下策略涉及项目经理将项目总预算分配至下级工作单元，随后由下级工作单元进一步细化至次级工作单元，直至每个工作包均获得预算分配。相对而言，自下而上策略则从一线人员开始，他们估算各自工作包所需预算，然后逐级汇总，最终形成项目总预算。

两种预算编制策略各具特点。采用自上而下策略时，可能出现计划与实际执行之间的偏差，导致一线执行人员资源不足，难以完成既定计划。而自下而上策略可能导致一线人员因担心无法完成计划而高估所需资源，进而使预算超出预期。

多数情况下，组织会结合使用自上而下与自下而上两种策略。这样既可控制总预算不超支，又能顾及一线人员的实际需求。无论采取何种策略，预算编制过程均反映了参与各方的利益博弈与平衡。在具体预算内容方面，首先，需要考虑项目直接成本，如物质资源、人力资源等；其次，需要考虑外购产品或服务的支出；再次，需要考虑摊销的间接成本；最后，为了应对意外和风险，需要预留风险准备金和风险储备金。

8. 项目成本预算的工具与技术

(1)成本汇总。

针对计划活动的成本评估，首先，依据WBS将成本估算汇总至工作包层级；其次，将工作包的成本估算进一步汇总至WBS的更高层级（如控制账目）；最后，构成整个项目的预算体系。

（2）准备金分析。

通过执行准备金分析能够设立应急准备金（如管理储备金），以应对那些尚未纳入计划但可能发生的变化。

（3）参数估算。

参数估算是指在数学模型中运用项目相关特性（参数）预测整个项目的总成本。

（4）资金限制平衡。

在项目执行过程中，为避免资金支出在不同阶段出现显著波动，通常需要将资金使用控制在用户或执行机构设定的预算限制内，以确保资金的均衡分配。

9. 预算调整控制的方法

预算调整控制的方法包括：调整原则的遵循控制、调整范围的控制、调整权限的控制、调整程序的控制及日常控制。

预算调整控制的目的是规范预算流程，减少预算风险，并增强预算控制的效力。企业通过实施预算调整控制能够有效应对项目活动进行中所面临的资金风险，进而提升项目团队的内部监控与管理能力。在预算执行过程中，应从内部控制视角出发，明确预算调整的具体方法及控制的关键点，为企业完善预算管理并增强内部控制能力提供参考。

企业正式下达的执行预算通常不予调整。然而，在预算执行过程中，由于主观条件与客观条件的演变，确保预算的科学性、严肃性及可操作性，对预算进行适度调整显得尤为必要。特别是企业在预算编制初期，由于经验不足，调整的频率与幅度可能相对较大。然而，此类调整与预算的制定相同，必须遵循一定的规范。若预算调整过于随意，将妨碍企业目标的实现，并削弱预算的控制意义。因此，建立健全严格的预算调整控制制度，对于企业而言至关重要。

10. 规避和转移风险

风险控制涉及运用原型化方法、可靠性工程学及项目管理方法等技术手段，旨在规避或转移潜在风险。在项目构建过程中，风险无处不在，因此有效地识别、控制和管理风险对于项目的成功至关重要。

（1）项目风险应对策略。

①减轻风险：通过缓和或预知等手段来降低风险发生的可能性或减轻风险带来的不利后果。

②预防风险:作为一种主动的风险管理策略,通常采取有形手段或无形手段。

③规避风险:当项目面临高概率、严重后果风险且无其他可用策略时,主动放弃项目或改变项目目标与行动方案是一种规避风险的策略。

④转移风险:将风险转移给参与该项目的其他人或组织,因此又称为合伙分担风险。

⑤接受风险:有意识地选择承担风险后果,可以是主动的,也可以是被动的。接受风险是一种直接承担风险后果的风险管理方式,在特定场景下,因无须额外投入规避成本,相对省事、省钱。

⑥储备风险:根据项目风险规律,事先制定应急措施和科学有效的风险应对计划。一旦项目实际进展与计划不符,便可及时启动后备措施。

(2)项目风险控制步骤。

①与当前在职的项目成员协商,确定人员流动原因。

②在项目启动前,将这些原因列入预先拟定的控制计划中。

③项目启动时,做好人员流动准备,采取措施确保项目在人员变动时仍能继续进行。

④建立项目组,确保所有项目成员能及时获取项目活动的相关信息。

⑤制定文档标准并建立机制,以保证文档能及时更新。

⑥对所有工作组织进行细致评审,确保更多人能按计划进度完成自己的工作。

⑦对每一个关键岗位的技术人员,均培养后备人员。

⑧在项目里程碑处进行事件跟踪和主要风险因素跟踪,以进行风险再评估。

⑨在项目开发过程中,持续收集风险因素的相关信息。

(3)常见风险类型与控制方法。

①合同风险。合同制定得不科学、不严谨,项目边界和责任界定不清等问题,是影响项目成败的主要因素之一。预防这种风险的办法是在项目建设之初,项目经理需要全面准确地了解合同各条款的内容,尽早与合同各方就模糊的或不明确的条款签订补充协议。

②需求变更风险。需求变更是大多数项目经常遇到的问题。一个看似有前景的项目,往往由于无限度的需求变更而让项目承建方苦不堪言,甚至最终亏损(实际上项目建设方也面临巨大风险)。预防这种风险的办法是在项目建设之初就和用户书面约定需求变更控制流程、记录并归档用户的需求变更申请。

③沟通不良风险。项目组与项目各干系方沟通不畅是影响项目顺利进展的重

要因素。为预防这种风险，应在项目建设之初与项目各干系方约定好沟通渠道和方式，同时在项目建设过程中应多与项目各干系方沟通交流。

④缺乏领导支持风险。上级领导的支持是项目获得资源（包括人力资源、财力资源和物料资源等）的有效保障，也是项目遇到困难时项目组最强有力的“后台支撑”。预防这种风险的办法是主动争取领导对项目的重视，确保和领导沟通的渠道畅通，及时向领导汇报工作进展。

⑤进度风险。有些项目对进度要求非常严格（进度要求不高的项目同样要考虑该风险），项目进度的延迟意味着违约或市场机会错失。预防这种风险的办法一般是分阶段交付产品，增加项目监控的频率和力度，多运用可行的办法保证工作质量，避免返工。

⑥质量风险。有些项目在质量上有很高的要求，如果项目组成员对该类型项目的开发经验不足，则需要密切关注项目的质量风险。预防这种风险的办法一般是经常和用户沟通工作成果，而品牌管理需要采用符合要求的开发流程，认真对产品进行检查和评审，以及采取严格的独立测试等。

⑦工具风险。项目开发和实施过程所必须用到的各类工具是否能及时到位、工具是否符合项目要求等，是项目组需要考虑的风险因素。预防这种风险的办法是在项目启动阶段落实好各项工具的来源或可能的替代工具，在这些工具需要使用之前（一般需要提前一个月左右）跟踪并落实工具的到位情况。

⑧技术风险。在项目开发和建设过程中，战略管理技术因素是一个非常重要的因素。项目组一定要本着项目的实际需求，选用合适的、成熟的技术，千万不要无视项目的实际情况，选用一些先进但并非项目必需且自己不熟悉的技术。如果项目要求的技术人员不具备或掌握不够熟练，则需要重点关注该风险因素。预防这种风险的办法是选用项目必需的技术，在技术应用之前，针对相关人员开展好技术培训工作。

⑨团队成员能力和素质风险。团队成员的能力（包括业务能力和技术能力）及素质，对项目的进展、质量具有较大影响，项目经理在项目建设过程中需要时刻关注该因素。预防这种风险的办法是在用人之前先选对人，并开展针对性培训，将合适的人安排到合适的岗位上。

⑩团队成员协作风险。团队成员能否齐心协力为项目的共同目标服务，也是影响项目进度和质量的关键因素。预防这种风险的办法是在项目建设之初，项目经理将项目目标、工作任务等与项目成员沟通清楚，采取公平、公正和公开的绩效

考评制度，倡导团结互助的工作氛围。

⑪人员流动风险。项目成员尤其是核心成员的流动，会对项目造成极为严重的影响。人员流动轻则影响项目进度，重则导致项目无法继续甚至被迫夭折。预防这种风险的办法是尽可能将核心工作分配给多人，而非集中于少数人，并加强同类型人才的培养和储备。

⑫工作环境风险。工作环境（包括办公环境和人文环境）的好坏，直接影响项目成员的工作情绪和工作效率。预防这种风险的方法是在项目建设之前，选择并建设符合项目特点、满足项目成员期望的办公环境，并在项目建设过程中，不断创造与营造和谐的人文环境。

⑬分包商风险。有些项目管理在进行过程中，可能需要将部分任务分包出去，此时项目组应重点关注分包商风险。预防这种风险的方法通常是指定分包经理全程监控分包商活动，要求分包商采用经认可的工作流程，督促其及时提交和汇报工作成果，并及时对分包商的工作成果进行审计。

应用案例：图书出版项目

图书出版是一项涉及多个环节的复杂工作，从写作到出版，需经历申请书号、排版设计、打样印刷等多个环节，涉及众多问题，办理手续也较为烦琐，远非想象中那般简单。通常情况下，图书出版需经过以下环节。图书出版项目的工作分解结构详见表一。

表一　图书出版项目的工作分解结构

流程/工序	WBS 编号
选题	1
选题报批	2
组稿	3
审稿、申报书号	4
一审	4.1
二审	4.2
三审	4.3
申报书号	4.4
确定印数和定价	5
排版和印刷	6
一校	6.1

续表

流程/工序	WBS编号
二校	6.2
三校	6.3
印刷	6.4
发行和销售	7

1. 选题

编辑通过市场调研提出出版内容选题，经过编辑、编辑室主任、出版社社长和总编辑（或出版社选题论证委员会）的三级论证，最终由出版社选题审核委员会审批通过，报省一级新闻出版局批准。

2. 选题报批

省一级新闻出版局依据《出版管理条例》等法律、法规、政策对出版图书选题内容进行审批，确保有关选题符合国家有关规定，并报国家新闻出版署备案。根据《出版管理条例》和《图书、期刊、音像制品、电子出版物重大选题备案办法》（新闻出版署〔1997〕860号）等法律法规，对于涉及国家安全、社会安定等方面的内容，对国家的政治、经济、文化、军事等会产生较大影响的选题，实行重大选题备案制度，即出版单位须向国家新闻出版署专题申报备案，经同意后方可出版。

3. 组稿

编辑提交选题经批准后，出版业务进入编辑环节。编辑组织稿件主要有以下几种形式：一是直接与作者签约组织稿件；二是委托作者（多为知名学者）代理组织稿件。每一种图书都与作者签订出版合同，约定和保护作者和出版社双方的合作条件和权利。出版社拥有的是著作权人（作者）许可使用的专有出版权。出版合同通常包括著作权人允许出版社对其著作的使用范围、许可使用年限、出版社向作者支付报酬标准、付酬方式等。合同期限一般在3~10年。出版社向作者支付稿酬一般有三种方式：基本稿酬加印数稿酬、版税和一次性付酬。基本稿酬加印数稿酬是指出版社按作品的字数，以千字为单位向著作权人支付报酬（基本稿酬），再根据图书的印数，以千册为单位按基本稿酬的一定比例向著作权人支付报酬（印数稿酬）；作品重印时只付印数稿酬，不再付基本稿酬。版税是指出版社以图书定价×发行数×版税率的方式向著作权人付酬；版税率一般是3%~10%。一次性付酬是指出版社按作品的质量、篇幅、经济价值等情况计算一个确定现金数额的报酬，并一次性向著作权人付清。

4. 审稿、申报书号

审稿是编辑工作的重要组成部分。审稿实行三审制，对稿件进行三个级别的审查，即编辑初审、编辑室主任复审和社长（总编辑）终审（简称三审）。三审后的书稿按"齐（稿件齐全）、清（文字清晰）、定（内容确定无争议）"的原则，发送出版社的出版生产部门，进入生产流程。

出版社总编室负责向出版业务部申请分配书号、条码，并向国家新闻出版署信息中心申请CIP数据（图书在版编目数据），该数据规定了图书在版编目数据的内容、选取规则及印刷格式，包括书名、作者、出版社、版本、印张等。

每年12月，出版社将有关书号申请的各项材料，经由省新闻出版局报送国家新闻出版署，国家新闻出版署核定下一年度发给出版社的书号数量。国家新闻出版署将书号按核定数量经由省新闻出版局发给出版社。出版社按照所得书号数量，填写ISBN条码制作申请单，报送国家图书条码中心制作相应条码。出版社也可以根据需要，定期、不定期或随时向省新闻出版局和国家新闻出版署申请所需数量的书号。在书号获批后，编辑人员填写《CIP数据申请表》，再由出版社总编室将《CIP数据申请表》报送国家新闻出版署信息中心。国家新闻出版署信息中心将编制完毕的CIP数据返还给出版社，以备印载在图书上，作为版权保护的重要手段。

5. 确定定价和印数

图书定价和印刷数量（简称印数）由各出版社营销部连同责任编辑，根据市场调研情况分析确定。定价主要参考因素包括成本、图书印数、同类书市场价格及该书目标读者群的消费能力。印数的确定主要参考成本、定价及对该书销量的预测。一般来说，出版社主要采用较少印数、多次印刷策略，以降低出版风险、减少资金占用，加快周转。

6. 排版和印刷

首先，有关书稿经社长（或总编辑）终审签发后，由出版社相关业务部门完成封面设计和版式设计，并负责安排印刷商排版和印刷；其次，出版社将达到印制标准的书稿发送至印刷厂，进行排版及制作清样，图书清样完成后，送出版社出版部进行校对，出版社将校对完的清样退回印刷厂，印刷厂按出版社所做的改动进行改版，如此反复三次，行业内称为"三校"；最后，经该书责任校对、责任编辑和出版部主任审定签字，交社长（或总编辑）签批，返回印刷厂进行最终印制和装订。

7. 发行和销售

各出版社出版的图书通常采用自发行、独立发行及参加图书订货会等多种方式进行销售。

(4)工期估算方法。

在进行活动工期估算时,应综合考虑多种因素,如项目活动清单、项目约束与假设条件、项目资源数量要求等,具体内容如下。

①项目活动清单是指项目活动定义的主要输出内容。

②项目约束与假设条件是项目活动定义的输入依据。

③项目资源数量要求:多数活动所需时间受相关资源数量的制约。例如,若两人共同完成某项工作活动,其所需时间仅为一人单独工作所需时间的一半。然而,若一人每天仅工作半天,则通常至少需要一人全天工作所需时间的两倍。项目资源数量要求旨在清晰界定工作分解结构中各项工作活动所需的具体资源及其数量。

④项目资源质量要求:多数活动所需时间与人员能力水平和材料质量相关。例如,若两人全天参与同一工作活动,则高级技工所需时间将少于低级技工。

⑤历史信息:关于各类活动所需时间的历史资料极具价值,这些资料通常来源于以下途径:项目档案——参与过类似项目的组织可能保留过去项目结果的记录;市场上公开出售的用于活动时间估计的数据库——历史资料在工作活动所需时间固定且不受实际工作内容影响时尤其有用;项目团队知识——项目团队个别成员可能记得先前项目活动所需时间的实际数或估计数。

项目活动所需时间估算的方法包括类比估计法、工作量估算法和三点估计法。

①类比估计法:也叫作自上而下估计,是以过去类似项目活动的实际活动时间作为基础,估计新项目活动所需时间。当新项目的资料和信息有限时,有经验的工作人员往往可以采用这种方法,借助以往类似项目的经验来估计活动所需时间。当然,完全相同的项目比较少见,因此通常情况下还需结合一定推测。类比估计法是专家判断的一种形式。当过去类似项目活动和当前新项目活动不仅表面相似,而且本质上也类似,同时负责估算的专家具备必要的专业知识时,类比估计法的结果会更加可靠。

②工作量估算法。由工程或设计部门确定各类、各项具体工作所需完成的工程量,并以实物度量单位表示(如图纸张数、电缆米数等),除以单位生产率(每小时生成多少张纸、每小时铺设多少米电缆等)后,就可用来估算活动所需时间。

工作量=项目规模/人均生产率

③三点估计法。三点估计法的基本思想是根据过去的经验,确定完成活动的三种可能时间,并应用概率论和统计学原理来估计活动时间。完成活动的三种可

能时间包括：最短活动时间 T_a（乐观时间），即在所有事件都处于最有利条件下（包括合适的天气、没有任何意外故障、人员都全力工作等），完成该工作活动所需时间；最长活动时间 T_b（悲观时间），即在各个环节总是遇到最不利因素条件下（包括项目各个阶段因各种原因造成的进度拖延和时间浪费等，但不包括非常事故造成的停工时间），完成工作所需时间；正常活动时间 T_m（最可能时间），即在正常工作条件下完成该工作活动所需时间，相当于活动时间随机分布的均值，如公式所示：

$$T = \frac{(T_a + 4T_m + T_b)}{6} \tag{1-1}$$

例题1：某项目由X、Y两项活动组成，在正常情况下活动X、活动Y所需时间为16天、30天，在最有利的条件下活动X、活动Y所需时间为14天、25天，在最不利的条件下活动X、活动Y所需时间为18天、35天。则该项目各项活动及整个项目的期望（估计）时间是多少？

解：

活动X的期望时间：T=（14天+4×16天+18天）/6=16天；

活动Y的期望时间：T=（25天+4×30天+35天）/6=30天；

整个项目的期望时间为：16天+30天=46天。

（5）项目关键路径法。

关键路径是决定项目工期的进度活动序列。关键路径法，又称关键路径分析，是一种网络图技术，用来预测整个项目工期。这种工具可以有效地帮助防止项目进度超期。项目的关键路径决定了项目最早完成时间的活动序列，是项目关系网络图的最长路径，其时差或浮动时间最少，具有以下特点。

①关键路线上的活动的持续时间决定项目工期，关键路线上所有活动的持续时间加起来就是项目工期。

②关键路线上的任何一个活动都是关键活动，其中任何一个活动延迟，都会导致整个项目完成时间延迟。

③关键路线是从始点到终点的项目路线中耗时最长的路线，因此若要缩短项目工期，必须在关键路线上采取措施。反之，如果关键路线耗时延长，则整个项目的完工期也会延长。

④关键路线耗时是完成项目的最短时间量。另外，缩短工期的办法包括：赶工；以成本换时间；员工加班；增加资源；快速跟进；修改活动的逻辑关系，使活动并行进行；资源平衡；把非关键路径上的资源调配到关键路径。

关键路径分析需要借助最早开始时间(Earliest Start Time, ES)、最早完成时间(Earliest Finish Time, EF)、最迟完成时间(Latest Finish Time, LF)、最迟开始时间(Latest Start Time, LS)4种时间参数。

最早开始时间是指某项活动开始的最早时间。其时间由所有前置活动中最后一个最早完成时间确定,即

$$ES(j) = \max(EF(i))(i\text{是}j\text{的前置活动}) \tag{1-2}$$

最早完成时间是指某项活动完成的最早时间。由活动的最早开始时间加上其工期确定,即

$$EF(i) = ES(i) + \text{估计工期} \tag{1-3}$$

最迟开始时间是指为使项目在要求完工的时间内完成,某项活动必须开始的最迟时间。它等于活动的最迟完成时间减去活动工期,即

$$LS(i) = LF(i) - \text{工期估计（LS和LF通过反向推出）} \tag{1-4}$$

最迟完成时间是指为使项目在规定完工时间内完成,某项活动必须完成的最迟时间。该时间等同于所有紧后工序中最早的一个最晚开始时间,即

$$LF(i) = \min(LS(j))(i\text{是}j\text{的前置活动}) \tag{1-5}$$

例题2:以表一和表二所示的某项目活动顺序及时间为例,绘制该项目的网络图(见图一),并确定关键路径、计算项目工期和活动时差。

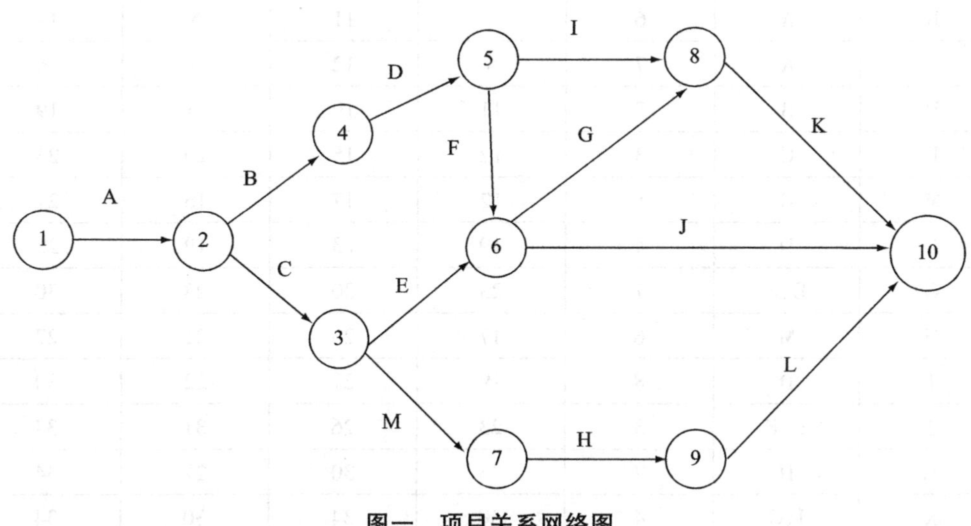

图一　项目关系网络图

注:学生结合学习内容标出关键路径。

表一　项目关系及工期表

活动名称	紧前工序	活动时间/天
A	无	5
B	A	6
C	A	7
D	B	8
E	C	3
M	C	5
F	D	4
G	E、F	7
H	M	6
I	D	8
J	E、F	3
K	I、G	4
L	H	7

表二　关键路径分析

活动名称	紧前工序	活动时间/天	ES	EF	LS	LF
A	无	5	0	5	0	5
B	A	6	5	11	5	11
C	A	7	5	12	9	16
D	B	8	11	19	11	19
E	C	3	12	15	20	23
M	C	5	12	17	16	21
F	D	4	19	23	19	23
G	E、F	7	23	30	23	30
H	M	6	17	23	21	27
I	D	8	19	27	22	30
J	E、F	3	23	26	31	34
L	H	7	23	30	27	34
K	I、G	4	30	34	30	34

项目关键路径：A—B—D—F—G—K。

项目总工期：5+6+8+4+7+4=34（天）。

四、学习体会与总结

根据实验所学，撰写《商业项目管理认知报告》，字数不少于1000字，一律采用手写。要求文本格式规范，内容充实，逻辑通顺，结构严谨，语言准确精练，并在课程结束后上交。

商业项目管理认知报告

姓名：______　　班级：______　　学号：______　　得分：______

项目二　企业咨询项目管理实验

一、实验目标

在教师指导下完成模拟实验，深入理解企业咨询项目管理的实践原理；熟练掌握企业咨询项目管理的基本操作；精通企业咨询项目管理的关键技术方法；通过实验，学生能够独立进行企业咨询项目管理模拟。

二、实验要求

（1）掌握实验操作流程：教师采用分段讲解方式，依据实验操作流程，着重阐释模拟实验的操作要点，帮助学生理解实验操作流程。

（2）精通项目启动与计划制定：学生组建团队，由项目经理分配角色、明确成员职责，开展企业咨询项目投标及启动工作。团队成员须审视项目、开展需求分析，结合团队资金状况与项目启动资金要求，选定投标项目。随后，协同完成企业咨询项目计划阶段的各项任务。

（3）推进项目执行：计划制定完成后，进入企业咨询项目执行阶段，该阶段包括人员招聘、资源采购、资金筹集等环节。项目各岗位负责人依据计划执行任务，过程中保持沟通确认，做好风险预防。

（4）执行进度监控：通过追踪项目甘特图，监控任务进度。运用挣值管理分析进度偏差、成本偏差、进度绩效与成本绩效，为项目计划调整提供参考。

（5）实施风险监控：针对已出现的风险，执行应对策略，及时控制风险，保障企业咨询项目顺利推进。风险主要分为系统预警风险和决策失误引发的风险。项目执行期间，团队成员须持续监测风险，沟通确认应对方案，实现有效风险管理。

（6）总结与分析项目：项目结束后，团队成员对比计划与实际执行情况，剖析风险成因及应对措施有效性，总结项目成败因素，记录经验，为后续项目决策与管理优化积累知识。同时，教师对各小组进行评分评价，针对学生操作问题组织讨论，完成实验的分析与总结。

三、实验步骤

（1）项目启动与角色认知：教师阐释项目经理决策流程，说明各职能角色决策逻辑与推进模式，发布项目并介绍基本信息，帮助学生建立角色认知与项目框架理解。

（2）招投标与合同基础：教师讲解简单项目招投标流程，指导学生模拟投标，解析生成的项目合同内容，熟悉项目初期商务环节。

（3）任务分解实操：教师讲解任务关系设定逻辑，引导学生开展项目工作分解结构实操，掌握任务拆解方法。

（4）工期估算训练：教师讲解任务工期估算方法，组织学生讨论并实操项目工期估算，强化时间规划能力。

（5）计划评审方法初识：介绍项目计划评审技术，布置课后作业，要求学生掌握时间参数计算方法，为进度管理打下基础。

（6）时间参数计算实操：教师讲解项目时间参数计算逻辑，学生实操练习，确保掌握关键路径、浮动时间等计算方法。

（7）进度计划设定：教师讲解项目计划进度设定要点，学生实操配置项目计划进度，学会规划项目时间线。

（8）招募计划制定：教师讲解人员招募计划编制方法，组织学生讨论并实操设计招募计划，明确人才配置规划逻辑。

（9）招募流程模拟：教师讲解人员招募全流程，学生讨论并模拟实操，熟悉招聘、选拔等环节。

（10）采购计划实操：教师讲解采购计划制定要点，学生讨论并实操设定采购计划，掌握资源采购规划。

（11）采购入库模拟：教师讲解采购入库流程，学生讨论并实操采购入库环节，熟悉物资管理流程。

（12）成本估算训练：教师传授成本估算方法，组织学生讨论交流并实操，掌握项目成本测算逻辑。

（13）存款和贷款概念与实操：教师讲解存款和贷款的基础概念，学生讨论交流并实操存款和贷款业务模拟，理解项目资金流管理。

（14）风险管控实践：教师讲解风险识别与管理策略，学生讨论交流并实操风险控制模拟，强化风险应对能力。

(15)项目运行模拟:教师学生分组进入项目运行阶段,各职能角色(人力资源管理、采购人员、风险控制人员、项目经理等)履职,动态监控项目(如人员分配、资源调配、风险管控、项目启止等),模拟真实项目场景。

(16)进度与成本动态管控:在项目运行中,进度负责人动态调整进度,成本负责人填报挣值数据。

(17)复盘总结:项目管理模拟结束后,教师进行点评总结。

四、企业咨询项目管理实验情境

茅茅酒业股份有限公司长期致力于酒类商品的生产与销售。然而,由于市场环境的快速变化及公司管理上的不足,近三年来,公司连续出现亏损。为了扭转经营困境,公司股东大会决议对外公开招标,寻求专业管理咨询机构对公司业务流程进行全面诊断,并提出切实可行的解决方案,进而负责实施。

项目名称:茅茅酒业股份有限公司管理咨询项目;

项目地点:贵州省遵义市汇川区1号;

项目交付时间:自合同签订之日起1年内;

项目预算上限:不超过100万元。

五、企业咨询项目管理实验规则

(一)打分规则

综合实践成绩由以下几个部分构成:模拟实验成绩占40%,小组汇报总结占20%,个人总结(实验报告)占20%,考勤占10%,实训态度占10%。其中,模拟实验成绩由以下几个部分构成:投标书及合同填写与报价占20%,商务展示占20%,工期履约占30%,最终利润占30%,并根据违规操作情况进行扣分,具体评定标准如下。

(1)投标书及合同填写与报价:投标书及合同填写必须完整且符合规范,满分100分。

(2)商务展示:投标人须根据招标文件要求,对项目设计方案进行现场演示讲解,并围绕以下3个维度进行评分。

A. 执行情况说明(50分):包括整体规划布局、分板块介绍、产品与服务演示等。

B. 售后服务方案说明(25分):考查其完善性、合理性及有效性。

C. 履约能力及信誉说明(25分):考查其完善性、合理性及有效性。

(3)工期履约：初始为100分，根据小组合同工期，若提前1天交付，增加0.5分，加分上限为20分；每逾期1天交付，扣0.5分，扣分上限为20分。

(4)最终利润：根据利润高低进行排名，利润最高者为100分，依次递减，第6名及之后为70分。

(5)违规操作扣分：在填写各项表单过程中，如有涂改，每次扣0.5分；提交资料必须完整，每缺少1张资料扣0.5分；不按规则操作，每次扣1分(所有扣分均在总分基础上进行扣除)。

(二)运行规则

1. 进度管理规则

学生在完成WBS编号表(A4)的填写与确认后，必须遵循既定工序并严格执行，不得在工序出现错误的情况下开展项目。在制定项目进度计划时，学生必须依照任务工期估计表(A6)及时间参数计算表(A7)的步骤来完成。

2. 风险处置规则

项目启动时间由教师确定，一旦时间流启动，进度控制人员需在计算机上执行实际进度控制。一旦触发风险点，必须立即通知项目经理，并暂停项目进度，直至风险事件处理完毕后，方可恢复实际进度控制。例如，若发生人员离职等系统风险，时间流将暂停，学生需在10分钟内处理完毕风险事件，处理完毕后时间流将重新启动，项目实际进度至少会落后计划进度2天。此后，后续实际工序至少需延期2天，但可采取补救措施，加快进度以弥补损失的时间，以确保后续计划进度与实际进度保持一致。

若发生系统风险，时间流将暂停，学生需在10分钟内处理完风险事件，人员或物资的延期时间，即为项目实际进度的滞后时间，处理完风险事件后，时间流将重启。

若发生个性风险，仅影响个别小组，时间流不会停止，仅该小组的时间与时间流发生偏离，偏离时间加上人员或物资的延期时间，即为项目实际进度的滞后时间。

若发生内生性风险，仅个别小组因操作失误导致风险，时间流不会停止，该小组的时间与时间流发生偏离，偏离时间加上人员或物资的延期时间，即为项目实际进度的滞后时间。

3. 采购管理规则

所有物资无论是购买还是租赁，均需2天的送货期。购买物资的送货期间不产生费用，而租赁物资的送货期间则会产生费用。

采购负责人须填写物资资源采购单(A13)，经项目经理审批并由助教确认后，方可继续项目进度。取回采购单后需通知项目助理记录,并由成本负责人核算成本。组内各成员均需了解此流程。

在项目执行期间,设备可能发生损坏,需自行维修,维修将产生费用,费用为设备价格的20%,且设备维修期间需停工2天,设备修复后可重新投入使用。采购阶段,采购负责人须填写设备维修单(A14),经项目经理审批并由助教确认后,方可继续项目进度。取回设备维修单后须通知项目助理记录,成本负责人核算成本。组内各成员均需了解此流程。

各组物资同质、明码标价,命名为“物资或设备+A/B/C/D等”。

4. 人力资源管理规则

人员包括正式员工和临时工,二者工资标准不同,发放方式也不同(正式员工为月工资,临时工为日工资),命名为“职位+A/B/C/D”。

所有人员招聘与物资一样,均有2天到岗期,正式员工在到岗期期间不产生费用,临时工的到岗期计入合同期内,因此临时工的到岗期也会产生费用。

在项目中,人员招聘必须严格按照1:1的比例进行,若需缩短工期,也需按照同等比例招聘相应倍数人员,并配备相同比例物资,如缩短工期后为3.5天,超出整数部分按1天计算,即算作4天。

不得随意解雇员工。合同期生效后,不得违反合同或提前解雇员工,员工离职无须支付违约金。

在招聘时,人力资源管理负责人须填写人员招聘表(A10),经项目经理审批并由助教确认后,方可继续项目进度。取回单据后需通知项目助理记录、成本负责人核算成本,组内各成员均需了解此流程。

每月15日结算工资,正式员工与临时工合同自招聘日起算,若在第一个月15日时未到合同期结束,则该员工工资延期至第二个月结算,人力资源管理负责人须填写工资发放单(A11),经项目经理审批并由助教确认后,方可继续项目进度。取回单据后须通知项目助理记录、成本负责人核算成本。组内各成员均需了解此流程。

5. 成本管理规则

成本负责人在项目开始时须填写成本估算表(A15)和成本计划表(A16)。

在运行过程中,月底根据收入与支出填写现金流量表(A17),采用收付实现制。

在运行过程中,如需贷款,需填写存款单/贷款单(A19),经助教确认后,方可继续项目进度。取回单据后需通知项目助理记录、成本负责人核算成本。组内各成员均需了解此流程。贷款利率统一按照年利率5%计算,利息按月结算,本金在项目结束后支付。贷款在申请后2天到款。

项目结束后，需填写工资明细表（A20）和挣值分析表（A21）。

6. 管理人员规则

在项目执行过程中，项目经理和风险控制人员须分别填写风险管理表（A22）和项目负责人决策日志表（A23）。

（三）注意事项

1. 时间流规则

每日工作时间限定为8小时，系统仅对工作时间进行记录。35分钟等同于1天的工作量。教师可根据实际情况暂停时间流，而学生则无权自行控制时间流。

2. 风险分类与处置

风险可划分为系统性风险、个别风险及内生性风险。系统性风险发生时，所有公司均会受到波及。若公司在风险发生时未涉及相关活动，则可避免该风险。个别风险仅针对特定群体发生，由教师依据系统随机规则或指定的抽签规则来决定。内生性风险源于学生操作不当，如未能及时填写表单、资金链断裂等。所有风险的解释权归教师所有。

3. 助教系统规则

项目设立助教系统，可由一人或多人担任。在项目运营期间，学生分组所担任的6大职位均需填写各类表格，并经由同一名助教确认。未经助教签字或盖章确认的表格将被视为无效。签字不得提前或延后进行，若需补签，则助教必须在单据上做出特别说明并进行相应登记（表单不得使用铅笔或可擦除的笔填写，填写后的表单不得进行修改或涂改，否则表单作废，助教不予签字）。助教须统计各小组的基本信息，实时监控各小组状况，确认学生是否违反规则，并协助教师监督和设置风险。

4. 资料管理规则

在项目期间，学生所填写的表单应妥善保管，不得遗失。若遗失，系统结算时将相应地扣分。

5. 工期压缩规则

各组可根据项目计划工期，通过成本核算和成倍增加资源配置来压缩工期，但压缩后的工期不得短于原计划工期。例如，若某工期为10天，需要人员A工作8天，人员B工作2天，若因风险发生导致工期延误10天，则需扩招人员A、人员B各1人，以实现压缩工期至10天的目标。若工期延误8天，则仍须扩招人员A、人员B各1人，以达到压缩工期至10天的目标。若工期延误12天，则扩招人员A、人员B各1人，可实现压缩工期至10天，实际工期为12天。

六、实验表单

A1　项目基础资料

(一)项目概述

茅茅酒业股份有限公司专注于酒类产品的生产和销售。鉴于市场环境的快速变迁及公司管理层面的不足,公司近3年持续出现亏损。为扭转经营困境,公司决定通过公开招标的方式,邀请专业的管理咨询机构对业务流程进行全面审视,并提出切实可行的改进方案,以期得到有效的执行。

项目名称:茅茅酒业股份有限公司管理咨询项目;

项目交付期限:合同签订后1年内;

项目预算上限:不超过100万元。

(二)任务简介

任务列表	简介(对应岗位)
项目实施准备 (调研计划、内部研讨)	研究员、调研员、策划师
项目跟踪 (试运行、跟踪反馈)	研究员、培训师、项目助理
项目实施 (调研、完成草案、第一次路演、 第一次修订、第二次路演、再次修订)	研究员、调研员、资料员、项目助理
谈判 (初步谈判、正式谈判、签订协议书)	法律顾问、研究员、资料员、项目助理
进入阶段 (初步接洽、面访、项目建议书)	业务员、研究员、策划师、项目助理
项目验收	法律顾问、研究员、资料员、策划师

(三)项目所需人员及物资

1. 人员及物资需求情况

人员需求	材料需求	设备需求
业务员	办公耗材	笔记本电脑
研究员		摄像机
策划师		录音笔

续表

人员需求	材料需求	设备需求
资料员		投影仪
法律顾问		
项目助理		
调研员		
培训师		

(1)进入阶段人员及物资需求情况

人员需求		工作量/工时
业务员		80
研究员		40
策划师		40
项目助理		80
物资需求	规格	需求量
笔记本电脑	台	80小时,4台
办公耗材	套	5套

(2)谈判阶段人员及物资需求情况

人员需求		工作量/工时
法律顾问		24
研究员		24
资料员		24
项目助理		24
物资需求	规格	需求量
笔记本电脑	台	24小时,4台
办公耗材	套	5套

(3)实施准备阶段人员及物资需求情况

人员需求		工作量/(工时/小时)
调研员		80
研究员		40
策划师		80
物资需求	规格	需求量
笔记本电脑	台	80小时,3台
办公耗材	套	4套

(4)项目实施阶段人员及物资需求情况

人员需求		工作量/(工时/小时)
调研员		72
研究员		288
资料员		288
项目助理		24
物资需求	规格	需求量
笔记本电脑	台	288小时,4台
办公耗材	套	4套
摄像机	台	288小时,2台
录音笔	支	288小时,4支
投影仪	台	40小时,1台

(5)项目跟踪阶段人员及物资需求情况

人员需求		工作量/工时
培训师		80
研究员		80
项目助理		80
物资需求	规格	需求量
笔记本电脑	台	80小时,3台
投影仪	台	80小时,1台

续表

物资需求	规格	需求量
办公耗材	套	4
摄像机	台	80 小时,1 台

(6)项目验收阶段人员及物资需求情况

人员需求		工作量/(工时/小时)
法律顾问		24
研究员		48
资料员		48
策划师		24
物资需求	规格	需求量
笔记本电脑	台	48 小时,4 台
办公耗材	套	2

2. 项目人员工资水平

职位	工作形式	工资/(元/月)
业务员	正式	8 050
研究员	正式	20 500
策划师	正式	10 100
资料员	正式	7 040
法律顾问	正式	12 000
项目助理	正式	9 020
调研员	正式	14 040
培训师	正式	20 040
职位	工作形式	工资/(元/天)
业务员	临时	368
研究员	临时	883
策划师	临时	437
资料员	临时	335
法律顾问	临时	500

续表

职位	工作形式	工资/(元/天)
项目助理	临时	401
调研员	临时	568
培训师	临时	868

3. 项目所需物资价格情况

材料类		
物资名称	规格	采购单价/元
耗材	套	200
工时类		
物资名称	采购单价/元	租赁单价/(元/天)
笔记本电脑	8 000	200
摄像机	100 000	300
录音笔	1 000	50
投影仪	5 000	150

A2　项目投标书(第　　组)

项目投标书(简易版)

项目由______________________公司投标

致:尊敬的___________________公司

(1)我方已仔细研读《管理咨询项目需求建议书》(简称招标书),现提交本项目投标文件。我方承诺严格依照招标文件规定,遵守所有条款,全面承担项目运作工作。

(2)我方认可,在项目概况文件约定的投标书有效期内,严格执行本投标书及全部投标文件,受其约束,随时配合贵方接收流程。

(3)若贵方接纳我方投标,我方保证按招标文件规定日期启动管理咨询工作,依项目范围,于______日前完成全部工作并通过验收。

(4)若业主接收我方投标书并签订合同,本投标书及贵方接收的全部投标文件,将作为合同文件组成部分,在项目实施至售后服务期内,兑现投标文件所有承诺。

一、标的描述

茅茅酒业股份有限公司长期从事酒类商品的生产与销售。由于近年来市场环境迅速变化,加之公司管理不善,公司近三年来连续亏损。为改变公司的经营现状,公司股东大会决定向社会公开招标,聘请专业管理咨询公司对公司各业务环节进行"问诊把脉",提出解决方案并予以实施。

项目名称:茅茅酒业股份有限公司管理咨询项目

项目交付时间:签订合同1年以内

项目全包资金:不超过100万元。

二、投标方介绍

(一)公司名称:___________________

(二)注册资金:___________________

(三)法人代表:___________________

(四)主营业务:___________________

(五)办公地址:___________________

(六)联系方式:___________________

三、承包方式

管理咨询项目将采用包造价(除甲供材料、设备和设施外)模式，我方全面承担责任。

四、质量标准

遵循公司管理咨询服务质量体系文件执行。

五、管理措施

(1)本项目实行项目运营负责制，由项目经理全面负责各项职能，因此项目经理为项目咨询管理的第一责任人。

(2)建立和完善以项目经理为核心的信息安全管理体系，组织开展管理咨询活动。

(3)由项目经理建立各级人员服务责任制度，明确各级人员的服务职责，抓好制度落实和责任落实，定期检查服务责任落实情况，及时报告相关问题。

(4)建立和完善管理咨询人员持证上岗及相关操作规章制度。

(5)检查管理咨询责任落实情况时，必须有详细的记录。

(6)根据公司管理咨询作业标准及操作程序，强化员工的工作意识。

(7)严禁无证上岗和岗位串岗作业。

(8)针对严格执行劳动纪律、遵守操作与安全规程，制定相应的管理措施。

(9)每天上班前，召开班前交底会，由班组长布置当天的服务任务、操作要求及注意事项。

六、项目报价

该项目我方给出的全包价格为__________元人民币。

七、项目工期

该项目我方给出的项目工期为__________天。

制定人及签章：

日　　期：

A3　项目合同(第　　组)

项目合同(简易版)

合同签订后即启动项目,项目双方应按照合同要求执行。

签订日期:______年______月______日;

乙方承诺按照甲方要求工期如期完工,最晚______年______月______日竣工(项目工期为:______天)。乙方须制定具体实施进度计划,确保在合同期限内完成,配合项目最终验收。如因特殊原因导致工期延误,延误工期由双方协商处理。

项目执行中,甲方有权监督、检查项目进度与质量;甲方须按合同约定支付款项,也有义务配合乙方,提供项目相关信息与资料。

乙方须按甲方有关项目管理要求,定期如实汇报进展情况;经甲方认定不符合合同要求的工作,乙方须返工或整改,由此产生的经济损失由乙方承担。

本项目合同总金额为人民币______元整。

自合同生效后,甲方支付合同总金额20%,为人民币______元整;

项目完成后,甲方支付合同总金额80%,为人民币______元整;

质保金为合同总金额20%,为人民币______元整,项目验收合格且运行期满个月后,由甲方一次性付清。

甲　　方:________________________　乙　　方:________________________

签订日期:________________________　签订日期:________________________

A4　WBS编号表(第　　组)

任务列表	WBS编号
进入阶段	
初步接洽	
初步谈判	
面访	
项目建议书	
谈判	
正式谈判	
签订协议书	
项目实施准备	
内部研讨	
项目实施	
调研计划	
调研	
完成草案	
第一次路演	
试运行	
第一次修订	
第二次路演	
再次修订	
项目跟踪	
跟踪反馈	
项目验收	

注:学生结合学习内容填写。

A5　标准的WBS编号表

任务列表	WBS编号
进入阶段	1
初步接洽	1.1
面访	1.2
项目建议书	1.3
谈判	2
初步谈判	2.1
正式谈判	2.2
签订协议书	2.3
项目实施准备	3
调研计划	3.1
内部研讨	3.2
项目实施	4
调研	4.1
完成草案	4.2
第一次路演	4.3
第一次修订	4.4
第二次路演	4.5
再次修订	4.6
项目跟踪	5
试运行	5.1
跟踪反馈	5.2
项目验收	6

A6　任务工期估计表(第　　　组)

任务列表	WBS编号	前置任务	乐观时间	最可能时间	悲观时间	期望工期
进入阶段	1	—				
初步接洽	1.1	—				
面访	1.2	1.1				
项目建议书	1.3	1.2				
谈判	2	—				
初步谈判	2.1	1.3				
正式谈判	2.2	2.1				
签订协议书	2.3	2.2				
项目实施准备	3	—				
调研计划	3.1	2.3				
内部研讨	3.2	2.3				
项目实施	4	—				
调研	4.1	3.1、3.2				
完成草案	4.2	4.1				
第一次路演	4.3	4.2				
第一次修订	4.4	4.3				
第二次路演	4.5	4.4				
再次修订	4.6	4.5				
项目跟踪	5	—				
试运行	5.1	4.6				
跟踪反馈	5.2	5.1				
项目验收	6	5.2				

经办人：　　　　　抄送人：　　　　　审核人：

注："乐观时间"占比为20%、"最可能时间"占比为60%、"悲观时间"占比为20%；"期望工期"采用三点估算法公式("乐观时间"+4×"最可能时间"+"悲观时间")÷6计算。全书同上。

A7　时间参数计算表(第　　组)

任务列表	WBS编号	前置任务	ES	EF	LS	LF	期望工期
进入阶段	1	—					
初步接洽	1.1	—					
面访	1.2	1.1					
项目建议书	1.3	1.2					
谈判	2	—					
初步谈判	2.1	1.3					
正式谈判	2.2	2.1					
签订协议书	2.3	2.2					
项目实施准备	3	—					
调研计划	3.1	2.3					
内部研讨	3.2	2.3					
项目实施	4	—					
调研	4.1	3.1、3.2					
完成草案	4.2	4.1					
第一次路演	4.3	4.2					
第一次修订	4.4	4.3					
第二次路演	4.5	4.4					
再次修订	4.6	4.5					
项目跟踪	5	—					
试运行	5.1	4.6					
跟踪反馈	5.2	5.1					
项目验收	6	5.2					

经办人：　　　　抄送人：　　　　审核人：

注："ES"为最早开始时间、"EF"为最早结束时间、"LS"为最晚开始时间、"LF"为最晚结束时间。全书同上。

A8-1　项目进度计划表(第　　　组)

任务列表	WBS编号	前置任务	ES	EF	LS	LF	期望工期	开始时间	结束时间
进入阶段	1	—							
初步接洽	1.1	—							
面访	1.2	1.1							
项目建议书	1.3	1.2							
谈判	2	—							
初步谈判	2.1	1.3							
正式谈判	2.2	2.1							
签订协议书	2.3	2.2							
项目实施准备	3	—							
调研计划	3.1	2.3							
内部研讨	3.2	2.3							
项目实施	4	—							
调研	4.1	3.1、3.2							
完成草案	4.2	4.1							
第一次路演	4.3	4.2							
第一次修订	4.4	4.3							
第二次路演	4.5	4.4							
再次修订	4.6	4.5							
项目跟踪	5	—							
试运行	5.1	4.6							
跟踪反馈	5.2	5.1							
项目验收	6	5.2							

经办人：　　　　抄送人：　　　　审核人：

A8-2　甘特图

项目名称：__________　进度控制：__________　项目经理__________　工期：__________

序号	任务	WBS 编号	计划 天数	(　　)月																															备注
				1	2	3	4	5	6	7	8	9	10	11	12	13	14	15	16	17	18	19	20	21	22	23	24	25	26	27	28	29	30	31	
1	进入阶段	1																																	
2	初步接洽	1.1																																	
3	面访	1.2																																	
4	项目建议书	1.3																																	
5	谈判	2																																	
6	初步谈判	2.1																																	
7	正式谈判	2.2																																	
8	签订协议书	2.3																																	
9	项目实施准备	3																																	
10	调研计划	3.1																																	
11	内部研讨	3.2																																	
12	项目实施	4																																	
13	调研	4.1																																	

续表

序号	任务	WBS编号	计划天数	(　　)月																															备注
				1	2	3	4	5	6	7	8	9	10	11	12	13	14	15	16	17	18	19	20	21	22	23	24	25	26	27	28	29	30	31	
14	完成草案	4.2																																	
15	第一次路演	4.3																																	
16	第一次修订	4.4																																	
17	第二次路演	4.5																																	
18	再次修订	4.6																																	
19	项目跟踪	5																																	
20	试运行	5.1																																	
21	跟踪反馈	5.2																																	
22	项目验收	6																																	

A8-3　甘特图

项目名称：________　进度控制：________　项目经理________　工期：________

序号	任务	WBS编号	计划天数	(　　)月																															备注
				1	2	3	4	5	6	7	8	9	10	11	12	13	14	15	16	17	18	19	20	21	22	23	24	25	26	27	28	29	30	31	
1	进入阶段	1																																	
2	初步接洽	1.1																																	
3	面访	1.2																																	
4	项目建议书	1.3																																	
5	谈判	2																																	
6	初步谈判	2.1																																	
7	正式谈判	2.2																																	
8	签订协议书	2.3																																	
9	项目实施准备	3																																	
10	调研计划	3.1																																	
11	内部研讨	3.2																																	
12	项目实施	4																																	
13	调研	4.1																																	

续表

序号	任务	WBS编号	计划天数	(　　)月																															备注
				1	2	3	4	5	6	7	8	9	10	11	12	13	14	15	16	17	18	19	20	21	22	23	24	25	26	27	28	29	30	31	
14	完成草案	4.2																																	
15	第一次路演	4.3																																	
16	第一次修订	4.4																																	
17	第二次路演	4.5																																	
18	再次修订	4.6																																	
19	项目跟踪	5																																	
20	试运行	5.1																																	
21	跟踪反馈	5.2																																	
22	项目验收	6																																	

A8-4 甘特图

项目名称：__________ 进度控制：__________ 项目经理__________ 工期：__________

序号	任务	WBS编号	计划天数	(　　)月																															备注
				1	2	3	4	5	6	7	8	9	10	11	12	13	14	15	16	17	18	19	20	21	22	23	24	25	26	27	28	29	30	31	
1	进入阶段	1																																	
2	初步接洽	1.1																																	
3	面访	1.2																																	
4	项目建议书	1.3																																	
5	谈判	2																																	
6	初步谈判	2.1																																	
7	正式谈判	2.2																																	
8	签订协议书	2.3																																	
9	项目实施准备	3																																	
10	调研计划	3.1																																	
11	内部研讨	3.2																																	
12	项目实施	4																																	
13	调研	4.1																																	

续表

序号	任务	WBS编号	计划天数	(　　)月																															备注
				1	2	3	4	5	6	7	8	9	10	11	12	13	14	15	16	17	18	19	20	21	22	23	24	25	26	27	28	29	30	31	
14	完成草案	4.2																																	
15	第一次路演	4.3																																	
16	第一次修订	4.4																																	
17	第二次路演	4.5																																	
18	再次修订	4.6																																	
19	项目跟踪	5																																	
20	试运行	5.1																																	
21	跟踪反馈	5.2																																	
22	项目验收	6																																	

A8-5　甘特图

项目名称：__________　进度控制：__________　项目经理__________　工期：__________

序号	任务	WBS编号	计划天数	(　　)月																															备注
				1	2	3	4	5	6	7	8	9	10	11	12	13	14	15	16	17	18	19	20	21	22	23	24	25	26	27	28	29	30	31	
1	进入阶段	1																																	
2	初步接洽	1.1																																	
3	面访	1.2																																	
4	项目建议书	1.3																																	
5	谈判	2																																	
6	初步谈判	2.1																																	
7	正式谈判	2.2																																	
8	签订协议书	2.3																																	
9	项目实施准备	3																																	
10	调研计划	3.1																																	
11	内部研讨	3.2																																	
12	项目实施	4																																	
13	调研	4.1																																	

续表

序号	任务	WBS编号	计划天数	(　　)月																															备注
				1	2	3	4	5	6	7	8	9	10	11	12	13	14	15	16	17	18	19	20	21	22	23	24	25	26	27	28	29	30	31	
14	完成草案	4.2																																	
15	第一次路演	4.3																																	
16	第一次修订	4.4																																	
17	第二次路演	4.5																																	
18	再次修订	4.6																																	
19	项目跟踪	5																																	
20	试运行	5.1																																	
21	跟踪反馈	5.2																																	
22	项目验收	6																																	

A8-6 甘特图

项目名称:________ 进度控制:________ 项目经理________ 工期:________

序号	任务	WBS编号	计划天数	( )月																															备注
				1	2	3	4	5	6	7	8	9	10	11	12	13	14	15	16	17	18	19	20	21	22	23	24	25	26	27	28	29	30	31	
1	进入阶段	1																																	
2	初步接洽	1.1																																	
3	面访	1.2																																	
4	项目建议书	1.3																																	
5	谈判	2																																	
6	初步谈判	2.1																																	
7	正式谈判	2.2																																	
8	签订协议书	2.3																																	
9	项目实施准备	3																																	
10	调研计划	3.1																																	
11	内部研讨	3.2																																	
12	项目实施	4																																	
13	调研	4.1																																	

续表

序号	任务	WBS编号	计划天数	(　　)月																															备注
				1	2	3	4	5	6	7	8	9	10	11	12	13	14	15	16	17	18	19	20	21	22	23	24	25	26	27	28	29	30	31	
14	完成草案	4.2																																	
15	第一次路演	4.3																																	
16	第一次修订	4.4																																	
17	第二次路演	4.5																																	
18	再次修订	4.6																																	
19	项目跟踪	5																																	
20	试运行	5.1																																	
21	跟踪反馈	5.2																																	
22	项目验收	6																																	

A8-7　甘特图

项目名称：＿＿＿＿＿　进度控制：＿＿＿＿＿　项目经理＿＿＿＿＿　工期：＿＿＿＿＿

序号	任务	WBS编号	计划天数	(　　)月																															备注
				1	2	3	4	5	6	7	8	9	10	11	12	13	14	15	16	17	18	19	20	21	22	23	24	25	26	27	28	29	30	31	
1	进入阶段	1																																	
2	初步接洽	1.1																																	
3	面访	1.2																																	
4	项目建议书	1.3																																	
5	谈判	2																																	
6	初步谈判	2.1																																	
7	正式谈判	2.2																																	
8	签订协议书	2.3																																	
9	项目实施准备	3																																	
10	调研计划	3.1																																	
11	内部研讨	3.2																																	
12	项目实施	4																																	
13	调研	4.1																																	

续表

序号	任务	WBS编号	计划天数	(　　)月																															备注
				1	2	3	4	5	6	7	8	9	10	11	12	13	14	15	16	17	18	19	20	21	22	23	24	25	26	27	28	29	30	31	
14	完成草案	4.2																																	
15	第一次路演	4.3																																	
16	第一次修订	4.4																																	
17	第二次路演	4.5																																	
18	再次修订	4.6																																	
19	项目跟踪	5																																	
20	试运行	5.1																																	
21	跟踪反馈	5.2																																	
22	项目验收	6																																	

A8-8　甘特图

项目名称：__________　　进度控制：__________　　项目经理__________　　工期：__________

序号	任务	WBS编号	计划天数	(　　)月																															备注
				1	2	3	4	5	6	7	8	9	10	11	12	13	14	15	16	17	18	19	20	21	22	23	24	25	26	27	28	29	30	31	
1	进入阶段	1																																	
2	初步接洽	1.1																																	
3	面访	1.2																																	
4	项目建议书	1.3																																	
5	谈判	2																																	
6	初步谈判	2.1																																	
7	正式谈判	2.2																																	
8	签订协议书	2.3																																	
9	项目实施准备	3																																	
10	调研计划	3.1																																	
11	内部研讨	3.2																																	
12	项目实施	4																																	
13	调研	4.1																																	

续表

序号	任务	WBS编号	计划天数	（ ）月																															备注
				1	2	3	4	5	6	7	8	9	10	11	12	13	14	15	16	17	18	19	20	21	22	23	24	25	26	27	28	29	30	31	
14	完成草案	4.2																																	
15	第一次路演	4.3																																	
16	第一次修订	4.4																																	
17	第二次路演	4.5																																	
18	再次修订	4.6																																	
19	项目跟踪	5																																	
20	试运行	5.1																																	
21	跟踪反馈	5.2																																	
22	项目验收	6																																	

A8-9　甘特图

项目名称:__________　　进度控制:__________　　项目经理__________　　工期:__________

序号	任务	WBS编号	计划天数	(　　)月																															备注
				1	2	3	4	5	6	7	8	9	10	11	12	13	14	15	16	17	18	19	20	21	22	23	24	25	26	27	28	29	30	31	
1	进入阶段	1																																	
2	初步接洽	1.1																																	
3	面访	1.2																																	
4	项目建议书	1.3																																	
5	谈判	2																																	
6	初步谈判	2.1																																	
7	正式谈判	2.2																																	
8	签订协议书	2.3																																	
9	项目实施准备	3																																	
10	调研计划	3.1																																	
11	内部研讨	3.2																																	
12	项目实施	4																																	
13	调研	4.1																																	

续表

序号	任务	WBS编号	计划天数	(　　)月																															备注
				1	2	3	4	5	6	7	8	9	10	11	12	13	14	15	16	17	18	19	20	21	22	23	24	25	26	27	28	29	30	31	
14	完成草案	4.2																																	
15	第一次路演	4.3																																	
16	第一次修订	4.4																																	
17	第二次路演	4.5																																	
18	再次修订	4.6																																	
19	项目跟踪	5																																	
20	试运行	5.1																																	
21	跟踪反馈	5.2																																	
22	项目验收	6																																	

A8-10　甘特图

项目名称：__________　进度控制：__________　项目经理__________　工期：__________

序号	任务	WBS编号	计划天数	(　　)月																															备注
				1	2	3	4	5	6	7	8	9	10	11	12	13	14	15	16	17	18	19	20	21	22	23	24	25	26	27	28	29	30	31	
1	进入阶段	1																																	
2	初步接洽	1.1																																	
3	面访	1.2																																	
4	项目建议书	1.3																																	
5	谈判	2																																	
6	初步谈判	2.1																																	
7	正式谈判	2.2																																	
8	签订协议书	2.3																																	
9	项目实施准备	3																																	
10	调研计划	3.1																																	
11	内部研讨	3.2																																	
12	项目实施	4																																	
13	调研	4.1																																	

续表

序号	任务	WBS编号	计划天数	(　　)月																															备注
				1	2	3	4	5	6	7	8	9	10	11	12	13	14	15	16	17	18	19	20	21	22	23	24	25	26	27	28	29	30	31	
14	完成草案	4.2																																	
15	第一次路演	4.3																																	
16	第一次修订	4.4																																	
17	第二次路演	4.5																																	
18	再次修订	4.6																																	
19	项目跟踪	5																																	
20	试运行	5.1																																	
21	跟踪反馈	5.2																																	
22	项目验收	6																																	

A8-11　甘特图

项目名称：__________　　进度控制：__________　　项目经理__________　　工期：__________

序号	任务	WBS编号	计划天数	(　　)月																															备注
				1	2	3	4	5	6	7	8	9	10	11	12	13	14	15	16	17	18	19	20	21	22	23	24	25	26	27	28	29	30	31	
1	进入阶段	1																																	
2	初步接洽	1.1																																	
3	面访	1.2																																	
4	项目建议书	1.3																																	
5	谈判	2																																	
6	初步谈判	2.1																																	
7	正式谈判	2.2																																	
8	签订协议书	2.3																																	
9	项目实施准备	3																																	
10	调研计划	3.1																																	
11	内部研讨	3.2																																	
12	项目实施	4																																	
13	调研	4.1																																	

续表

序号	任务	WBS编号	计划天数	(　　)月																															备注
				1	2	3	4	5	6	7	8	9	10	11	12	13	14	15	16	17	18	19	20	21	22	23	24	25	26	27	28	29	30	31	
14	完成草案	4.2																																	
15	第一次路演	4.3																																	
16	第一次修订	4.4																																	
17	第二次路演	4.5																																	
18	再次修订	4.6																																	
19	项目跟踪	5																																	
20	试运行	5.1																																	
21	跟踪反馈	5.2																																	
22	项目验收	6																																	

A9　人员招聘总计划(第　　　组)

职位	数量	总成本
业务员		
研究员		
策划师		
资料员		
法律顾问		
项目助理		
调研员		
培训师		

经办人签字：　　　　成本人签字：　　　　审核人签字：　　　　日期：

A10-1　人员招聘表(第　　　组)

职位	工作形式	合同签订时间	工资/(元/月)	招募人数
业务员				
研究员				
策划师				
资料员				
法律顾问				
项目助理				
调研员				
培训师				
经办人签字：	抄送人签字：	审核人签字：	日期：	

A10-2　人员招聘表(第　　　组)

职位	工作形式	合同签订时间	工资/(元/月)	招募人数
业务员				
研究员				
策划师				
资料员				
法律顾问				
项目助理				
调研员				
培训师				
经办人签字：	抄送人签字：	审核人签字：	日期：	

A10-3　人员招聘表(第　　组)

职位	工作形式	合同签订时间	工资/(元/月)	招募人数
业务员				
研究员				
策划师				
资料员				
法律顾问				
项目助理				
调研员				
培训师				
经办人签字:	抄送人签字:	审核人签字:	日期:	

A10-4　人员招聘表(第　　组)

职位	工作形式	合同签订时间	工资/(元/月)	招募人数
业务员				
研究员				
策划师				
资料员				
法律顾问				
项目助理				
调研员				
培训师				
经办人签字:	抄送人签字:	审核人签字:	日期:	

A10-5　人员招聘表(第　　组)

职位	工作形式	合同签订时间	工资/(元/月)	招募人数
业务员				
研究员				
策划师				
资料员				
法律顾问				
项目助理				
调研员				
培训师				

经办人签字：　　抄送人签字：　　审核人签字：　　日期：

A10-6　人员招聘表(第　　组)

职位	工作形式	合同签订时间	工资/(元/月)	招募人数
业务员				
研究员				
策划师				
资料员				
法律顾问				
项目助理				
调研员				
培训师				

经办人签字：　　抄送人签字：　　审核人签字：　　日期：

A10-7　人员招聘表(第　　组)

职位	工作形式	合同签订时间	工资/(元/月)	招募人数
业务员				
研究员				
策划师				
资料员				
法律顾问				
项目助理				
调研员				
培训师				
经办人签字：	抄送人签字：	审核人签字：	日期：	

A10-8　人员招聘表(第　　组)

职位	工作形式	合同签订时间	工资/(元/月)	招募人数
业务员				
研究员				
策划师				
资料员				
法律顾问				
项目助理				
调研员				
培训师				
经办人签字：	抄送人签字：	审核人签字：	日期：	

A11-1　工资发放单(第　　　组)

职位	工作形式	金额/元
业务员		
研究员		
策划师		
资料员		
法律顾问		
项目助理		
调研员		
培训师		

经办人签字：　　　抄送人签字：　　　审核人签字：　　　日期：

A11-2　工资发放单(第　　　组)

职位	工作形式	金额/元
业务员		
研究员		
策划师		
资料员		
法律顾问		
项目助理		
调研员		
培训师		

经办人签字：　　　抄送人签字：　　　审核人签字：　　　日期：

A11-3　工资发放单(第　　　组)

职位	工作形式	金额/元
业务员		
研究员		
策划师		
资料员		
法律顾问		
项目助理		
调研员		
培训师		

经办人签字：　　　　抄送人签字：　　　　审核人签字：　　　　日期：

A11-4　工资发放单(第　　　组)

职位	工作形式	金额/元
业务员		
研究员		
策划师		
资料员		
法律顾问		
项目助理		
调研员		
培训师		

经办人签字：　　　　抄送人签字：　　　　审核人签字：　　　　日期：

A11-5　工资发放单(第　　组)

职位	工作形式	金额/元
业务员		
研究员		
策划师		
资料员		
法律顾问		
项目助理		
调研员		
培训师		
经办人签字：　　抄送人签字：　　审核人签字：　　日期：		

A11-6　工资发放单(第　　组)

职位	工作形式	金额/元
业务员		
研究员		
策划师		
资料员		
法律顾问		
项目助理		
调研员		
培训师		
经办人签字：　　抄送人签字：　　审核人签字：　　日期：		

A11-7　工资发放单(第　　组)

职位	工作形式	金额/元
业务员		
研究员		
策划师		
资料员		
法律顾问		
项目助理		
调研员		
培训师		

经办人签字：　　抄送人签字：　　审核人签字：　　日期：

A11-8　工资发放单(第　　组)

职位	工作形式	金额/元
业务员		
研究员		
策划师		
资料员		
法律顾问		
项目助理		
调研员		
培训师		

经办人签字：　　抄送人签字：　　审核人签字：　　日期：

A12　物资采购总计划(第　　组)

物资采购计划表(材料类)				
物资名称	规格	采购单价/元	采购总量	金额
办公耗材	套	200		
笔记本电脑	台	8 000		
摄像机	台	100 000		
录音笔	个	1 000		
投影仪	台	5 000		
物资采购计划表(工时类)				
物资名称	规格	租赁单价/(元/天)	采购总量	金额
笔记本电脑	台	200		
摄像机	台	300		
录音笔	个	50		
投影仪	台	150		
经办人签字:	抄送人签字:	审核人签字:		

A13-1　物资采购单(材料类)(第　　组)

物资采购单		日期：　年　　月　　日					
物资名称	规格	采购单价/元	租赁单价/(元/天)	采购方式		采购总量	金额
				购买	租赁		
办公耗材	套	200	—				
笔记本电脑	台	8 000	200				
摄像机	台	100 000	300				
录音笔	个	1 000	50				
投影仪	台	5 000	150				
经办人签字：		抄送人签字：		审核人签字：			

A13-2　资源采购单(材料类)(第　　组)

物资采购单		日期：　年　　月　　日					
物资名称	规格	采购单价/元	租赁单价/(元/天)	采购方式		采购总量	金额
				购买	租赁		
办公耗材	套	200	—				
笔记本电脑	台	8 000	200				
摄像机	台	100 000	300				
录音笔	个	1 000	50				
投影仪	台	5 000	150				
经办人签字：		抄送人签字：		审核人签字：			

A13-3　资源采购单(材料类)(第　　组)

物资采购单		日期：　年　　月　　日					
物资名称	规格	采购单价/元	租赁单价/(元/天)	采购方式		采购总量	金额
				购买	租赁		
办公耗材	套	200	—				
笔记本电脑	台	8 000	200				
摄像机	台	100 000	300				
录音笔	个	1 000	50				
投影仪	台	5 000	150				
经办人签字：		抄送人签字：		审核人签字：			

A13-4　资源采购单(材料类)(第　　组)

<table>
<tr><td colspan="8">物资采购单　　　　日期：　年　　月　　日</td></tr>
<tr><td rowspan="2">物资名称</td><td rowspan="2">规格</td><td rowspan="2">采购单价/元</td><td rowspan="2">租赁单价/(元/天)</td><td colspan="2">采购方式</td><td rowspan="2">采购总量</td><td rowspan="2">金额</td></tr>
<tr><td>购买</td><td>租赁</td></tr>
<tr><td>办公耗材</td><td>套</td><td>200</td><td>—</td><td></td><td></td><td></td><td></td></tr>
<tr><td>笔记本电脑</td><td>台</td><td>8 000</td><td>200</td><td></td><td></td><td></td><td></td></tr>
<tr><td>摄像机</td><td>台</td><td>100 000</td><td>300</td><td></td><td></td><td></td><td></td></tr>
<tr><td>录音笔</td><td>个</td><td>1 000</td><td>50</td><td></td><td></td><td></td><td></td></tr>
<tr><td>投影仪</td><td>台</td><td>5 000</td><td>150</td><td></td><td></td><td></td><td></td></tr>
<tr><td colspan="8">经办人签字：　　　　抄送人签字：　　　　审核人签字：</td></tr>
</table>

A13-5　资源采购单(材料类)(第　　组)

<table>
<tr><td colspan="8">物资采购单　　　　日期：　年　　月　　日</td></tr>
<tr><td rowspan="2">物资名称</td><td rowspan="2">规格</td><td rowspan="2">采购单价/元</td><td rowspan="2">租赁单价/(元/天)</td><td colspan="2">采购方式</td><td rowspan="2">采购总量</td><td rowspan="2">金额</td></tr>
<tr><td>购买</td><td>租赁</td></tr>
<tr><td>办公耗材</td><td>套</td><td>200</td><td>—</td><td></td><td></td><td></td><td></td></tr>
<tr><td>笔记本电脑</td><td>台</td><td>8 000</td><td>200</td><td></td><td></td><td></td><td></td></tr>
<tr><td>摄像机</td><td>台</td><td>100 000</td><td>300</td><td></td><td></td><td></td><td></td></tr>
<tr><td>录音笔</td><td>个</td><td>1 000</td><td>50</td><td></td><td></td><td></td><td></td></tr>
<tr><td>投影仪</td><td>台</td><td>5 000</td><td>150</td><td></td><td></td><td></td><td></td></tr>
<tr><td colspan="8">经办人签字：　　　　抄送人签字：　　　　审核人签字：</td></tr>
</table>

A13-6　资源采购单(材料类)(第　　组)

<table>
<tr><td colspan="8">物资采购单　　　　日期：　年　　月　　日</td></tr>
<tr><td rowspan="2">物资名称</td><td rowspan="2">规格</td><td rowspan="2">采购单价/元</td><td rowspan="2">租赁单价/(元/天)</td><td colspan="2">采购方式</td><td rowspan="2">采购总量</td><td rowspan="2">金额</td></tr>
<tr><td>购买</td><td>租赁</td></tr>
<tr><td>办公耗材</td><td>套</td><td>200</td><td>—</td><td></td><td></td><td></td><td></td></tr>
<tr><td>笔记本电脑</td><td>台</td><td>8 000</td><td>200</td><td></td><td></td><td></td><td></td></tr>
<tr><td>摄像机</td><td>台</td><td>100 000</td><td>300</td><td></td><td></td><td></td><td></td></tr>
<tr><td>录音笔</td><td>个</td><td>1 000</td><td>50</td><td></td><td></td><td></td><td></td></tr>
<tr><td>投影仪</td><td>台</td><td>5 000</td><td>150</td><td></td><td></td><td></td><td></td></tr>
<tr><td colspan="8">经办人签字：　　　　抄送人签字：　　　　审核人签字：</td></tr>
</table>

A13-7　资源采购单(材料类)(第　　　组)

物资采购单 日期：　　年　　月　　日							
物资名称	规格	采购单价/元	租赁单价/(元/天)	采购方式		采购总量	金额
				购买	租赁		
办公耗材	套	200	—				
笔记本电脑	台	8 000	200				
摄像机	台	100 000	300				
录音笔	个	1 000	50				
投影仪	台	5 000	150				
经办人签字：	抄送人签字：		审核人签字：				

A13-8　资源采购单(材料类)(第　　　组)

物资采购单 日期：　　年　　月　　日							
物资名称	规格	采购单价/元	租赁单价/(元/天)	采购方式		采购总量	金额
				购买	租赁		
办公耗材	套	200	—				
笔记本电脑	台	8 000	200				
摄像机	台	100 000	300				
录音笔	个	1 000	50				
投影仪	台	5 000	150				
经办人签字：	抄送人签字：		审核人签字：				

A14-1　设备维修单(第　　组)

设备维修单			
填表日期：　　年　　月　　日			
设备名称	维修数量	维修起止时间	维修费
经办人签字：	抄送人签字：	审核人签字：	

A14-2　设备维修单(第　　组)

设备维修单			
填表日期：　　年　　月　　日			
设备名称	维修数量	维修起止时间	维修费
经办人签字：	抄送人签字：	审核人签字：	

A14-3　设备维修单(第　　组)

设备维修单			
填表日期：　　年　　月　　日			
设备名称	维修数量	维修起止时间	维修费
经办人签字：	抄送人签字：	审核人签字：	

A14-4　设备维修单(第　　组)

设备维修单			
填表日期：　　年　　月　　日			
设备名称	维修数量	维修起止时间	维修费
经办人签字：	抄送人签字：	审核人签字：	

A14-5 设备维修单(第　　组)

设备维修单			
填表日期：　　年　　月　　日			
设备名称	维修数量	维修起止时间	维修费
经办人签字：	抄送人签字：	审核人签字：	

A14-6 设备维修单(第　　组)

设备维修单			
填表日期：　　年　　月　　日			
设备名称	维修数量	维修起止时间	维修费
经办人签字：	抄送人签字：	审核人签字：	

A14-7 设备维修单(第　　组)

设备维修单			
填表日期：　　年　　月　　日			
设备名称	维修数量	维修起止时间	维修费
经办人签字：	抄送人签字：	审核人签字：	

A14-8 设备维修单(第　　组)

设备维修单			
填表日期：　　年　　月　　日			
设备名称	维修数量	维修起止时间	维修费
经办人签字：	抄送人签字：	审核人签字：	

A15　成本估算表　单位：元（第　　组）

项目总预算：	本回合初始资金：
固定费用估算：	材料成本估算：
其他费用估算：	人员成本估算：
设备成本估算：	
经办人签字：　　抄送人签字：　　审核人签字：	

A16　成本计划表（第　　组）

任务列表	WBS编号	前置任务	工期天数	开始时间	结束时间	人员成本	物资成本	总成本
进入阶段	1	—						
初步接洽	1.1	—						
面访	1.2	1.1						
项目建议书	1.3	1.2						
谈判	2	—						
初步谈判	2.1	1.3						
正式谈判	2.2	2.1						
签订协议书	2.3	2.2						
项目实施准备	3	—						
调研计划	3.1	2.3						
内部研讨	3.2	2.3						
项目实施	4	—						
调研	4.1	3.1、3.2						
完成草案	4.2	4.1						
第一次路演	4.3	4.2						
第一次修订	4.4	4.3						
第二次路演	4.5	4.4						
再次修订	4.6	4.5						
项目跟踪	5	—						
试运行	5.1	4.6						
跟踪反馈	5.2	5.1						
项目验收	6	5.2						

经办人签字：　　抄送人签字：　　审核人签字：

A17-1 现金流量表 单位:元(第　　组)

现金流出项	流出金额	实际流出时间	现金流入项	流入金额	实际流入时间
本月结算工资			上月结余		
银行利息			合同预付款		
维修费用			银行贷款		
维修费用					
维修费用					
物资购买					
物资购买					
物资购买					
结转:					
经办人:	抄送人:	审核人:			

A17-2 现金流量表 单位:元(第　　组)

现金流出项	流出金额	实际流出时间	现金流入项	流入金额	实际流入时间
本月结算工资			上月结余		
银行利息			合同预付款		
维修费用			银行贷款		
维修费用					
维修费用					
物资购买					
物资购买					
物资购买					
结转:					
经办人:	抄送人:	审核人:			

A17-3　现金流量表　单位:元(第　　组)

现金流出项	流出金额	实际流出时间	现金流入项	流入金额	实际流入时间
本月结算工资			上月结余		
银行利息			合同预付款		
维修费用			银行贷款		
维修费用					
维修费用					
物资购买					
物资购买					
物资购买					
结转:					
经办人:	抄送人:	审核人:			

A17-4　现金流量表　单位:元(第　　组)

现金流出项	流出金额	实际流出时间	现金流入项	流入金额	实际流入时间
本月结算工资			上月结余		
银行利息			合同预付款		
维修费用			银行贷款		
维修费用					
维修费用					
物资购买					
物资购买					
物资购买					
结转:					
经办人:	抄送人:	审核人:			

A17-5　现金流量表　单位:元(第　　组)

现金流出项	流出金额	实际流出时间	现金流入项	流入金额	实际流入时间
本月结算工资			上月结余		
银行利息			合同预付款		
维修费用			银行贷款		
维修费用					
维修费用					
物资购买					
物资购买					
物资购买					

结转:

经办人:　　　　抄送人:　　　　审核人:

A17-6　现金流量表　单位:元(第　　组)

现金流出项	流出金额	实际流出时间	现金流入项	流入金额	实际流入时间
本月结算工资			上月结余		
银行利息			合同预付款		
维修费用			银行贷款		
维修费用					
维修费用					
物资购买					
物资购买					
物资购买					

结转:

经办人:　　　　抄送人:　　　　审核人:

A17-7 现金流量表 单位:元(第 组)

现金流出项	流出金额	实际流出时间	现金流入项	流入金额	实际流入时间
本月结算工资			上月结余		
银行利息			合同预付款		
维修费用			银行贷款		
维修费用					
维修费用					
物资购买					
物资购买					
物资购买					

结转:

经办人: 抄送人: 审核人:

A17-8 现金流量表 单位:元(第 组)

现金流出项	流出金额	实际流出时间	现金流入项	流入金额	实际流入时间
本月结算工资			上月结余		
银行利息			合同预付款		
维修费用			银行贷款		
维修费用					
维修费用					
物资购买					
物资购买					
物资购买					

结转:

经办人: 抄送人: 审核人:

A18　现金流量总表　单位:元(第　　　组)

现金流出项	流出金额	实际流出时间	现金流入项	流入金额	实际流入时间
银行本金			上月结余		
			甲方支付尾款		
			甲方质保金		
结转:					
经办人:　　　　抄送人:　　　　审核人:					

A19-1　存款单/贷款单(第　　组)

银行名称	业务类型（存款/贷款）	业务形式（利率5%）	金额/元	提交日期	周期

A19-2　存款单/贷款单(第　　组)

银行名称	业务类型（存款/贷款）	业务形式（利率5%）	金额/元	提交日期	周期

A19-3　存款单/贷款单(第　　组)

银行名称	业务类型（存款/贷款）	业务形式（利率5%）	金额/元	提交日期	周期

A19-4　存款单/贷款单(第　　组)

银行名称	业务类型 (存款/贷款)	业务形式 (利率5%)	金额/元	提交日期	周期

A19-5　存款单/贷款单(第　　组)

银行名称	业务类型 (存款/贷款)	业务形式 (利率5%)	金额/元	提交日期	周期

A19-6　存款单/贷款单(第　　组)

银行名称	业务类型 (存款/贷款)	业务形式 (利率5%)	金额/元	提交日期	周期

A19-7　存款单/贷款单(第　　　组)

银行名称	业务类型(存款/贷款)	业务形式(利率5%)	金额/元	提交日期	周期

A19-8　存款单/贷款单(第　　　组)

银行名称	业务类型(存款/贷款)	业务形式(利率5%)	金额/元	提交日期	周期

A20 工资明细表(第 组)

姓名	工作形式	职位	总计/元

续表

姓名	工作形式	职位	总计/元
经办人签字：	抄送人签字：	审核人签字：	

A21　挣值分析表(第　　　组)

任务列表	任务完成度	PV	AC	EV	SV	CV	CPI	SPI
进入阶段								
初步接洽								
面访								
项目建议书								
谈判								
初步谈判								
正式谈判								
签订协议书								
项目实施准备								
调研计划								
内部研讨								
项目实施								
调研								
完成草案								
第一次路演								
第一次修订								
第二次路演								
再次修订								
项目跟踪								
试运行								
跟踪反馈								
项目验收								

经办人签字：　　　　抄送人签字：　　　　审核人签字：

注："PV"为计划价值、"AC"为实际成本、"EV"为挣值、"SV"为进度偏差、"CV"为成本偏差、"CPI"成本绩效指数、"SPI"为进度绩效指数。全书同上。

A22　风险管理表(第　　　组)

风险内容	实际损失/元	补救措施	负责人

经办人签字：　　　　　抄送人签字：　　　　　审核人签字：

A23　项目负责人决策日志(第　　　组)

序号	决策项目	决策内容	决策人	提交日期	执行时间	操作 (同意/驳回)

续表

序号	决策项目	决策内容	决策人	提交日期	执行时间	操作（同意/驳回）

经办人签字：　　　　　抄送人签字：　　　　　审核人签字：

项目三　人员招聘项目管理实验

一、实验目标

在教师指导下完成模拟实验，深入理解人员招聘项目管理的实践原理；熟练掌握人员招聘项目管理的基本操作；精通人员招聘项目管理的关键技术方法；通过实验，学生能够独立进行人员招聘项目管理模拟。

二、实验要求

（1）熟悉操作流程：教师分阶段讲解人员招聘项目管理实验操作，围绕实验流程，着重说明模拟实验操作注意事项，帮助学生深度理解操作流程。

（2）掌握启动与计划：学生分组，由项目经理分配角色，明确成员的职责，开展人员招聘项目投标与启动工作。团队需审视项目，做需求分析，结合小组资金与项目启动资金要求，确定投标项目，进而完成计划阶段各项任务。

（3）执行项目运行：计划确定后，进入执行阶段，该阶段包括人员招募、资源采购、资金募集等环节。各负责人依计划推进任务，保持沟通，预防风险。

（4）进度监控管理：借助项目甘特图跟踪任务进度，运用挣值管理分析进度偏差、成本偏差、进度绩效与成本绩效，作为计划调整依据。

（5）风险监控应对：针对已出现风险，实施应对计划，控制风险并保障项目推进。风险含系统预警、决策失误触发两类，执行中需实时监测、沟通确认应对措施。

（6）总结分析优化：项目完成后，团队对比计划与实际，分析风险成因、应对措施有效性，总结项目成败原因并记录，为后续项目积累经验。教师对各小组进行打分评价，围绕操作问题组织讨论，完成实验分析总结。

三、实验步骤

（1）教师阐释项目经理决策流程，说明各职能角色在项目推进中的作用，发布项目信息，介绍人员招聘项目相关内容。

(2)教师详细讲解人员招聘项目招投标流程,指导学生开展项目投标,解读生成的项目合同。

(3)教师讲解任务关系设定,引导学生实操项目工作分解结构。

(4)教师讲解任务工期估算方法,组织学生讨论并实操项目工期估算。

(5)教师介绍项目计划评审技术方法,布置课后作业,要求学生掌握时间参数计算方法。

(6)教师详细讲解项目时间参数计算方法,学生实操项目的时间参数计算。

(7)教师讲解项目计划进度设定,学生实操项目计划进度设置。

(8)教师讲解招募计划制定,组织学生讨论并实操人员招募计划设置。

(9)教师讲解人员招募具体流程,组织学生讨论并实操人员招募。

(10)教师讲解采购计划制定,组织学生讨论并实操采购计划设置。

(11)教师讲解采购入库流程,组织学生讨论并实操采购入库流程。

(12)教师讲解成本估算方法,组织学生讨论交流并实操成本估算。

(13)教师讲解存款/贷款管理,组织学生讨论交流并实操存款/贷款业务。

(14)教师讲解风险识别与管理策略,组织学生讨论交流并实操风险控制。

(15)学生参与项目运行实操,各职能角色(如人力资源管理负责人分配人员、采购负责人调配资源、风险控制负责人管控风险、项目经理管理项目启停等)履职,密切关注项目动态。

(16)项目运行期间,进度负责人调整项目进度,成本负责人填报挣值数据。

(17)项目管理模拟结束,教师开展综合点评并总结。

四、人员招聘项目管理实验情境

星光科技股份有限公司是一家专注于外贸业务的中型规模企业。近年来,公司面临市场环境的剧烈变动,导致员工流动率居高不下。为了扭转公司的经营困境,公司董事会决议委托一家专业的人力资源管理服务机构,依据公司的业务发展需求及市场定位,制定并执行一系列综合性的招聘计划。

项目名称:星光科技股份有限公司人员招聘项目;

项目地点:广东省深圳市龙岗大道111号;

项目交付期限:自合同签订之日起6个月内;

项目总预算:不超过50万元人民币;

项目内容:招募并培训20名外贸业务人员。

五、人员招聘项目管理实验规则

（一）打分规则

综合实践成绩由以下几个部分构成：模拟实验成绩占40%，小组汇报总结占20%，个人总结（实验报告）占20%，考勤占10%，实训态度占10%。其中，模拟实验成绩由以下几个部分构成：投标书及合同填写与报价占20%，商务展示占20%，工期履约占30%，最终利润占30%，并根据违规操作情况进行扣分，具体评定标准如下。

（1）投标书及合同填写与报价：投标书及合同填写必须完整且符合规范，满分100分。

（2）商务展示：投标人须根据招标文件要求，对项目设计方案进行现场演示讲解，并围绕以下3个维度进行评分。

A．执行情况说明（50分）：包括整体规划布局、分板块介绍、产品与服务演示等。

B．售后服务方案说明（25分）：评估其完善性、合理性和有效性。

C．履约能力及信誉说明（25分）：评估其完善性、合理性和有效性。

（3）工期履约：初始为100分，根据小组合同工期，若提前1天交付，则增加0.5分，加分上限为20分；每逾期1天交付，则扣减0.5分，扣分上限为20分。

（4）最终利润：根据利润高低进行排名，利润最高者为100分，依次递减，第6名及之后为70分。

（5）违规扣分：在填写各项表单过程中，如有涂改，每次扣减0.5分；提交资料必须完整，每缺少1张资料扣减0.5分；不按规则操作每次扣减1分（所有扣分均在总分基础上进行）。

（二）运行规则

1．进度管理规则

学生在完成WBS编号表的填写与确认后，必须遵循既定工序并严格执行，不得在工序出现错误的情况下开展项目。在制定项目进度计划时，学生必须依照任务工期估计表（A6）及时间参数计算表（A7）的步骤来完成。

2．风险处置规则

项目启动时间由教师确定，一旦时间流启动，进度控制人员需在计算机上执行实际进度控制。一旦触发风险点，必须立即通知项目经理，并暂停项目进度，直至风险事件处理完毕后，方可恢复实际进度控制。例如，若发生人员离职这一系统风险，时间流将暂停，学生需在10分钟内处理完毕风险事件，处理完毕后时间流将重新启动，项目实际进度至少将落后于计划进度2天。此后，后续实际工序至少需延期2天，但可采取补救措施，加快进度以弥补损失的时间，确保后续计划进度与实际进度保持一致。

若发生系统风险，时间流将暂停，学生需在10分钟内处理完毕风险事件，人员或物资的延期时间即为项目实际进度的滞后时间，处理完毕后时间流将重启。

若发生个性风险，仅影响个别小组，时间流不会停滞，仅该小组的时间与时间流发生偏离，偏离的时间加上人员或物资的延期时间即为项目实际进度的滞后时间。

若发生内生性风险，仅个别小组因操作失误导致风险，时间流不会停滞，该小组的时间与时间流发生偏离，偏离时间加上人员或物资的延期时间即为项目实际进度的滞后时间。

3. 采购管理规则

所有物资无论是购买还是租赁，均需2天的送货期。购买物资的送货期间不产生费用，而租赁物资的送货期间则会产生费用。

采购负责人须填写物资采购单(A13)，经项目经理审批并由助教确认后，方可继续项目进度。取得采购单后，需通知项目助理进行记录，并由成本负责人核算成本。组内各成员均需了解此流程。

在项目执行期间，设备可能发生损坏，需自行维修，维修将产生费用，维修费用为设备价格的20%，且设备维修期间需停工2天，设备修复后方可重新投入使用。采购阶段，采购负责人须填写设备维修单(A15)，经项目经理审批并由助教确认后，方可继续项目进度。取得维修单后，须通知项目助理进行记录，成本负责人核算成本。组内各成员均需了解此流程。

各组物资同质、明码标价，命名为“物资或设备+A/B/C/D”等。

4. 人力资源管理规则

人员包括正式员工和临时工，两者工资标准不同，发放方式亦不同(正式员工为月工资，临时工为日工资)。人员命名为“职位+A/B/C/D”等。

所有人员招聘与物资采购一样，均有2天到岗期，正式员工在到岗期间不产生费用，临时工的到岗期计入合同期内，因此临时工到岗期也会产生费用。

在项目中，人员招聘必须严格按照1∶1的比例进行，若需缩短工期，也需按照同等比例招聘相应倍数的人员，并配备相同比例的物资，若缩短工期后为3.5天，超出整数部分按1天计算，即算作4天。

不得随意解雇员工。合同期生效后，不得违反合同或提前解雇员工，员工离职无须赔偿违约金。

在招聘时，人力资源管理负责人须填写人员招聘表(A10)，经项目经理审批并由助教确认后，方可继续项目进度。取得单据后，需通知项目助理进行记录、成本负责人核算成本。组内各成员均需了解此流程。

每月15日结算工资，正式员工与临时工合同自招聘日起算，若在第一个月15日时未到合同期结束，则该工人延期至第二个月结算，人力资源管理负责人须填写工资发放单(A11)，经项目经理审批并由助教确认后，方可继续项目进度。取得单据后，须通知项目助理进行记录、成本负责人核算成本。组内各成员均需了解此流程。

5. 成本管理规则

成本负责人在项目初期须填写成本估算表(A15)和成本计划表(A16)。

在运行过程中，月底根据收入与支出填写现金流量表(A17)，采用收付实现制。在运行过程中，如需贷款，需填写存款单/贷款单(A19)，经助教确认后，方可继续项目进度。取得单据后，需通知项目助理进行记录、成本负责人核算成本。组内各成员均需了解此流程。贷款利率统一按照年利率5%计算，利息按月结算，本金在项目结束后支付。贷款在申请后2天到款。项目结束后，需填写工资明细表(A20)和挣值分析表(A21)。

6. 管理人员规则

项目过程中，项目经理和风险控制人需分别填写风险管理表(A22)和项目负责人决策日志(A23)。

(三)注意事项

1. 时间流规则

每日工作时间限定为8小时，系统仅核算工作时长。35分钟等同于1个工作日。教师可根据实际情况暂停时间流，而学生则无权自行控制时间流。

2. 风险分类与处置规则

当发生系统风险时，所有公司均会受到影响，如果在风险发生阶段，学生未涉及风险所包含的内容，则可规避风险。个别风险是指针对某些组别个别发生的风险，由教师根据系统随机规则或指定抽签规则决定风险发生。内生性风险则是学生操作不当导致的风险，如填写表单不及时、资金链断裂等。所有风险解释权归教师所有。

3. 助教系统规则

项目设立系统助教，可由一人或多人担任。在项目运营期间，学生分组所担任的6大职位均需填写各类表格，并经由同一名助教确认。未经助教签字或盖章确认的表格将被视为无效。签字不得提前或延后进行，若需补签，则助教必须在单据上做出特别说明并进行相应登记（表单不得使用铅笔或可擦除的笔填写，填写后的表单不得进行修改或涂改，否则表单作废，助教不予签字）。助教须统计各小组的基本信息，实时监控各小组状况，确认学生是否违反规则，并协助教师监督和设置风险。

4. 资料管理规则

学生在整个项目期间的表单请妥善保管，不得遗失，若遗失，系统结算时将相应扣分。

5. 工期压缩规则

各组可根据项目计划工期，通过成本核算和成倍增加资源配置来压缩工期，但压缩后的工期不得短于原计划工期。例如，若某工期为10天，需要人员A工作8天，人员B工作2天，若因风险发生导致工期延误10天，则需扩招人员A、人员B各1人，以实现压缩工期至10天的目标。若工期延误8天，则仍须扩招人员A、人员B各1人，以达到压缩工期至10天的目标。若工期延误12天，则扩招人员A、人员B各1人，可实现压缩工期至10天，实际工期为12天。

六、实验表单

A1 项目基础资料

(一)标的介绍

星光科技股份有限公司是一家致力于外贸领域的中小型公司。近年来,公司遭遇市场环境的剧烈波动,员工流动性较大。为改善经营状况,公司股东会决定委托一家专业的人力资源管理服务机构,根据公司的业务发展需求及市场定位实施一系列综合性的人员招聘计划。

项目名称:星光科技股份有限公司人员招聘项目;

项目地点:广东省深圳市龙岗大道111号;

项目交付期限:自合同签订之日起6个月内;

项目预算上限:不超过50万元人民币;

项目内容:招募并培训20名外贸业务员。

(二)任务简介

任务列表	简介(对应岗位)
确定招聘需求 (客户需求调研、项目建议书)	业务员、调研员、策划师
谈判 (初步谈判、正式谈判、签订协议书)	业务员、法律顾问、文秘
项目实施准备 (外部调研、内部研讨)	调研员、策划师、联络员
发布招聘信息 (线上招聘信息发布、线下招聘信息发布、应聘信息整理、收集、归档)	公关人员、资料员
面试 (面试前准备、初试、复试、背景调查、体检)	联络员、面试官、调研员
录用 (内部研讨、确定拟录用名单、发送录用通知、录用信息反馈)	面试官、策划师、联络员、资料员
入职 (办理入职手续、入职培训)	联络员、培训师
项目验收	法律顾问、资料员、策划师

(三)所需人员及物资

任务列表	人员需求	工作量/工时	物资需求	需求量
确定招聘需求			耗材	5套
客户需求调研	业务员	40	电脑	1台
	调研员	40	录音笔	1个
项目建议书	策划师	40	电脑	1台
谈判			耗材	5套
初步谈判	业务员	24	录音笔	1个
正式谈判	业务员	40	录音笔	1个
	法律顾问	40	电脑	1台
	文秘	40	电脑	1台
签订协议书	法律顾问	16	打印机	1台
项目实施准备			耗材	3套
外部调研	调研员	40	录音笔	1个
内部研讨	策划师	24	电脑	1台
	联络员	24	投影仪	1台
发布招聘信息			耗材	10套
线上招聘信息发布	公关人员	24	电脑	1台
线下招聘信息发布	公关人员	40	打印机	1台
应聘信息整理、收集、归档	资料员	40	电脑	1台
面试			耗材	10套
面试前准备	联络员	40	电脑	1台
初试	面试官	16	考场	1间
复试	面试官	16	考场	1间
背景调查	调研员	40	摄像机	1台
体检	联络员	16		
录用			耗材	3套
内部研讨	面试官	24	投影仪	1台
确定拟录用名单	策划师	24		
发送录用通知	联络员	16	打印机	1台
录用信息反馈	资料员	40	电脑	1台
入职			耗材	10套
办理入职手续	联络员	16	电脑	1台
入职培训	培训师	120	培训室	1间

续表

任务列表	人员需求	工作量/工时	物资需求	需求量
项目验收	法律顾问	24	打印机	1台
	资料员	40	电脑	1台
	策划师	24	投影仪	1台

（四）工资水平

职位	正式员工工资/（元/月）	临时工工资/（元/天）
业务员	8 050	400
调研员	10 000	500
策划师	15 000	600
法律顾问	11 000	500
文秘	6 000	300
联络员	7 000	400
公关人员	8 000	400
资料员	8 000	400
面试官	20 000	800
培训师	21 000	900

（五）物资价格

物资名称	规格	采购单价/元	租赁单价/（元/天）
耗材	套	200	—
电脑	台	8 000	200
摄像机	台	10 000	300
录音笔	个	1 000	50
投影仪	台	5 000	150
打印机	台	3 000	100
考场	间	—	1000
培训室	间	—	1500

A2　项目投标书(第　　　组)

项目投标书(简易版)

项目由______________________公司投标

致:尊敬的____________________公司

(1)我方已仔细研读《管理咨询项目需求建议书》(简称招标书),现提交本项目投标文件。我方承诺严格依照招标文件规定,遵守所有条款,全面承担项目运作工作。

(2)我方认可,在项目概况文件约定的投标书有效期内,严格执行本投标书及全部投标文件,受其约束,随时配合贵方接收流程。

(3)若贵方接纳我方投标,我方保证按招标文件规定日期启动管理咨询工作,依项目范围,于______日前完成全部工作并通过验收。

(4)若业主接收我方投标书并签订合同,本投标书及贵方接收的全部投标文件,将作为合同文件组成部分,在项目实施至售后服务期内,兑现投标文件所有承诺。

一、标的描述

星光科技股份有限公司是一家从事外贸业务的中小型公司。近年来,随着市场环境的迅速变化,员工离职率较高。为改变公司经营现状,股东大会决定聘请专业人力资源管理服务公司根据公司业务发展类型和市场定位,实施一揽子人员招聘方案。

项目名称:星光科技股份有限公司人员招聘项目;

项目地点:广东省深圳市龙岗大道111号;

项目交付时间:签订合同6个月以内;

项目全包资金:不超过50万元;

项目内容:招聘、培训20名外贸业务员。

二、投标方介绍

(一)公司名称:____________________

(二)注册资金:____________________

(三)法人代表:____________________

(四)主营业务:____________________

(五)办公地址:____________________

(六)联系方式:____________________

三、承包方式

管理咨询项目将采用包造价(除甲供材料、设备和设施外)模式,我方全面承担责任。

四、质量标准

遵循公司服务质量体系文件执行。

五、管理措施

(1)本项目实行项目运营负责制,由项目经理全面负责各项职能,因此项目经理为项目咨询管理的第一责任人。

(2)建立和完善以项目经理为核心的信息安全管理体系,组织开展管理咨询活动。

(3)由项目经理建立各级人员服务责任制度,明确各级人员的服务职责,抓好制度落实和责任落实,定期检查服务责任落实情况,及时报告相关问题。

(4)建立和完善管理咨询人员持证上岗及相关操作规章制度。

(5)检查管理咨询责任落实情况时,必须有详细的记录。

(6)根据公司管理咨询作业标准及操作程序,强化员工的工作意识。

(7)严禁无证上岗和岗位串岗作业。

(8)针对严格执行劳动纪律、遵守操作与安全规程,制定相应的管理措施。

(9)每天上班前,召开班前交底会,由班组长布置当天的服务任务、操作要求及注意事项。

六、项目报价

该项目我方给出的全包价格为__________元人民币。

七、项目工期

该项目我方给出的项目工期为__________天。

制定人及签章:

日　　　期:__________

A3　项目合同(第　　组)

项目合同(简易版)

合同签订后即启动项目,项目双方应按照合同要求执行。

签订日期:______年______月______日;

乙方承诺按照甲方要求工期如期完工,最晚______年______月______日竣工(项目工期为:______天)。乙方须制定具体实施进度计划,确保在合同期限内完成,配合项目最终验收。如因特殊原因导致工期延误,延误工期由双方协商处理。

项目执行中,甲方有权监督、检查项目进度与质量;甲方须按合同约定支付款项,也有义务配合乙方,提供项目相关信息与资料。

乙方须按甲方有关项目管理要求,定期如实汇报进展情况;经甲方认定不符合合同要求的工作,乙方须返工或整改,由此产生的经济损失由乙方承担。

本项目合同总金额为人民币______元整。

自合同生效后,甲方支付合同总金额20%,为人民币______元整;

项目完成后,甲方支付合同总金额80%,为人民币______元整;

质保金为合同总金额20%,为人民币______元整,项目验收合格且运行期满个月后,由甲方一次性付清。

甲　　方:________________________　乙　　方:________________________

签订日期:________________________　签订日期:________________________

A4　WBS编号样表(第　　组)

任务列表	WBS编号
确定招聘需求	
客户需求调研	
项目建议书	
谈判	
初步谈判	
正式谈判	
签订协议书	
项目实施准备	
外部调研	
内部研讨	
发布招聘信息	
线上招聘信息发布	
线下招聘信息发布	
应聘信息整理、收集、归档	
面试	
面试前准备	
初试	
复试	
背景调查	
体检	
录用	
内部研讨	
确定拟录用名单	
发送录用通知	
录用信息反馈	
入职	
办理入职手续	
入职培训	
项目验收	

注:学生结合学习内容填写。

A5　标准的WBS编号表

任务列表	WBS编号
确定招聘需求	1
客户需求调研	1.1
项目建议书	1.2
谈判	2
初步谈判	2.1
正式谈判	2.2
签订协议书	2.3
项目实施准备	3
外部调研	3.1
内部研讨	3.2
发布招聘信息	4
线上招聘信息发布	4.1
线下招聘信息发布	4.2
应聘信息整理、收集、归档	4.3
面试	5
面试前准备	5.1
初试	5.2
复试	5.3
背景调查	5.4
体检	5.5
录用	6
内部研讨	6.1
确定拟录用名单	6.2
发送录用通知	6.3
录用信息反馈	6.4
入职	7
办理入职手续	7.1
入职培训	7.2
项目验收	8

A6　任务工期估计表(第　　　组)

任务列表	WBS编号	前置任务	乐观时间	最可能时间	悲观时间	期望工期
确定招聘需求	1	—				
客户需求调研	1.1	—				
项目建议书	1.2	1.1				
谈判	2	—				
初步谈判	2.1	1.2				
正式谈判	2.2	2.1				
签订协议书	2.3	2.2				
项目实施准备	3	—				
外部调研	3.1	2.3				
内部研讨	3.2	3.1				
发布招聘信息	4	—				
线上招聘信息发布	4.1	3.2				
线下招聘信息发布	4.2	3.2				
应聘信息整理、收集、归档	4.3	4.1、4.2				
面试	5	—				
面试前准备	5.1	4.3				
初试	5.2	5.1				
复试	5.3	5.2				
背景调查	5.4	5.3				
体检	5.5	5.4				
录用	6	—				
内部研讨	6.1	5.5				
确定拟录用名单	6.2	6.1				
发送录用通知	6.3	6.2				
录用信息反馈	6.4	6.3				
入职	7	—				
办理入职手续	7.1	6.4				
入职培训	7.2	7.1				
项目验收	8	7.2				

经办人：　　　　抄送人：　　　　审核人：

A7　时间参数计算(第　　　组)

任务列表	WBS编号	前置任务	ES	EF	LS	LF	期望工期
确定招聘需求	1	—					
客户需求调研	1.1	—					
项目建议书	1.2	1.1					
谈判	2	—					
初步谈判	2.1	1.2					
正式谈判	2.2	2.1					
签订协议书	2.3	2.2					
项目实施准备	3	—					
外部调研	3.1	2.3					
内部研讨	3.2	3.1					
发布招聘信息	4	—					
线上招聘信息发布	4.1	3.2					
线下招聘信息发布	4.2	3.2					
应聘信息整理、收集、归档	4.3	4.1、4.2					
面试	5	—					
面试前准备	5.1	4.3					
初试	5.2	5.1					
复试	5.3	5.2					
背景调查	5.4	5.3					
体检	5.5	5.4					
录用	6	—					
内部研讨	6.1	5.5					
确定拟录用名单	6.2	6.1					
发送录用通知	6.3	6.2					
录用信息反馈	6.4	6.3					
入职	7	—					
办理入职手续	7.1	6.4					
入职培训	7.2	7.1					
项目验收	8	7.2					

经办人：　　　　抄送人：　　　　审核人：

A8-1　项目进度计划（第　　组）

任务列表	WBS编号	前置任务	ES	EF	LS	LF	期望工期	开始时间	结束时间
确定招聘需求	1	—							
客户需求调研	1.1	—							
项目建议书	1.2	1.1							
谈判	2	—							
初步谈判	2.1	1.2							
正式谈判	2.2	2.1							
签订协议书	2.3	2.2							
项目实施准备	3	—							
外部调研	3.1	2.3							
内部研讨	3.2	3.1							
发布招聘信息	4	—							
线上招聘信息发布	4.1	3.2							
线下招聘信息发布	4.2	3.2							
应聘信息整理、收集、归档	4.3	4.1、4.2							
面试	5	—							
面试前准备	5.1	4.3							
初试	5.2	5.1							
复试	5.3	5.2							
背景调查	5.4	5.3							
体检	5.5	5.4							
录用	6	—							
内部研讨	6.1	5.5							
确定拟录用名单	6.2	6.1							
发送录用通知	6.3	6.2							
录用信息反馈	6.4	6.3							
入职	7	—							
办理入职手续	7.1	6.4							
入职培训	7.2	7.1							
项目验收	8	7.2							

经办人：　　　　　抄送人：　　　　　审核人：

A8-2　甘特图

项目名称：__________　进度控制：__________　项目经理__________　工期：__________

序号	任务	WBS编号	计划天数	(　　)月																															备注
				1	2	3	4	5	6	7	8	9	10	11	12	13	14	15	16	17	18	19	20	21	22	23	24	25	26	27	28	29	30	31	
1	确定招聘需求	1																																	
2	客户需求调研	1.1																																	
3	项目建议书	1.2																																	
4	谈判	2																																	
5	初步谈判	2.1																																	
6	正式谈判	2.2																																	
7	签订协议书	2.3																																	
8	项目实施准备	3																																	
9	外部调研	3.1																																	
10	内部研讨	3.2																																	
11	发布招聘信息	4																																	

续表

序号	任务	WBS编号	计划天数	(　　)月																															备注
				1	2	3	4	5	6	7	8	9	10	11	12	13	14	15	16	17	18	19	20	21	22	23	24	25	26	27	28	29	30	31	
12	线上招聘信息发布	4.1																																	
13	线下招聘信息发布	4.2																																	
14	应聘信息整理、收集、归档	4.3																																	
15	面试	5																																	
16	面试前准备	5.1																																	
17	初试	5.2																																	
18	复试	5.3																																	
19	背景调查	5.4																																	
20	体检	5.5																																	
21	录用	6																																	
22	内部研讨	6.1																																	
23	确定录用名单	6.2																																	

续表

序号	任务	WBS编号	计划天数	(　　)月																															备注
				1	2	3	4	5	6	7	8	9	10	11	12	13	14	15	16	17	18	19	20	21	22	23	24	25	26	27	28	29	30	31	
24	发送录用通知	6.3																																	
25	录用信息反馈	6.4																																	
26	入职	7																																	
27	办理入职手续	7.1																																	
28	入职培训	7.2																																	
29	项目验收	8																																	

A8-3　甘特图

项目名称：__________　进度控制：__________　项目经理__________　工期：__________

序号	任务	WBS编号	计划天数	(　　)月																															备注
				1	2	3	4	5	6	7	8	9	10	11	12	13	14	15	16	17	18	19	20	21	22	23	24	25	26	27	28	29	30	31	
1	确定招聘需求	1																																	
2	客户需求调研	1.1																																	
3	项目建议书	1.2																																	
4	谈判	2																																	
5	初步谈判	2.1																																	
6	正式谈判	2.2																																	
7	签订协议书	2.3																																	
8	项目实施准备	3																																	
9	外部调研	3.1																																	
10	内部研讨	3.2																																	
11	发布招聘信息	4																																	

续表

序号	任务	WBS编号	计划天数	(　　)月																															备注
				1	2	3	4	5	6	7	8	9	10	11	12	13	14	15	16	17	18	19	20	21	22	23	24	25	26	27	28	29	30	31	
12	线上招聘信息发布	4.1																																	
13	线下招聘信息发布	4.2																																	
14	应聘信息整理、收集、归档	4.3																																	
15	面试	5																																	
16	面试前准备	5.1																																	
17	初试	5.2																																	
18	复试	5.3																																	
19	背景调查	5.4																																	
20	体检	5.5																																	
21	录用	6																																	
22	内部研讨	6.1																																	
23	确定录用名单	6.2																																	

续表

序号	任务	WBS编号	计划天数	(　　)月																															备注
				1	2	3	4	5	6	7	8	9	10	11	12	13	14	15	16	17	18	19	20	21	22	23	24	25	26	27	28	29	30	31	
24	发送录用通知	6.3																																	
25	录用信息反馈	6.4																																	
26	入职	7																																	
27	办理入职手续	7.1																																	
28	入职培训	7.2																																	
29	项目验收	8																																	

A8-4　甘特图

项目名称：________　进度控制：________　项目经理________　工期：________

序号	任务	WBS 编号	计划天数	(　　)月																															备注
				1	2	3	4	5	6	7	8	9	10	11	12	13	14	15	16	17	18	19	20	21	22	23	24	25	26	27	28	29	30	31	
1	确定招聘需求	1																																	
2	客户需求调研	1.1																																	
3	项目建议书	1.2																																	
4	谈判	2																																	
5	初步谈判	2.1																																	
6	正式谈判	2.2																																	
7	签订协议书	2.3																																	
8	项目实施准备	3																																	
9	外部调研	3.1																																	
10	内部研讨	3.2																																	
11	发布招聘信息	4																																	

续表

序号	任务	WBS编号	计划天数	(　　)月																															备注
				1	2	3	4	5	6	7	8	9	10	11	12	13	14	15	16	17	18	19	20	21	22	23	24	25	26	27	28	29	30	31	
12	线上招聘信息发布	4.1																																	
13	线下招聘信息发布	4.2																																	
14	应聘信息整理、收集、归档	4.3																																	
15	面试	5																																	
16	面试前准备	5.1																																	
17	初试	5.2																																	
18	复试	5.3																																	
19	背景调查	5.4																																	
20	体检	5.5																																	
21	录用	6																																	
22	内部研讨	6.1																																	
23	确定录用名单	6.2																																	

续表

序号	任务	WBS编号	计划天数	(　　)月																															备注
				1	2	3	4	5	6	7	8	9	10	11	12	13	14	15	16	17	18	19	20	21	22	23	24	25	26	27	28	29	30	31	
24	发送 录用通知	6.3																																	
25	录用 信息反馈	6.4																																	
26	入职	7																																	
27	办理 入职手续	7.1																																	
28	入职培训	7.2																																	
29	项目验收	8																																	

A8-5 甘特图

项目名称：__________ 进度控制：__________ 项目经理__________ 工期：__________

序号	任务	WBS编号	计划天数	( )月																															备注
				1	2	3	4	5	6	7	8	9	10	11	12	13	14	15	16	17	18	19	20	21	22	23	24	25	26	27	28	29	30	31	
1	确定招聘需求	1																																	
2	客户需求调研	1.1																																	
3	项目建议书	1.2																																	
4	谈判	2																																	
5	初步谈判	2.1																																	
6	正式谈判	2.2																																	
7	签订协议书	2.3																																	
8	项目实施准备	3																																	
9	外部调研	3.1																																	
10	内部研讨	3.2																																	
11	发布招聘信息	4																																	

续表

序号	任务	WBS编号	计划天数	（　）月																															备注
				1	2	3	4	5	6	7	8	9	10	11	12	13	14	15	16	17	18	19	20	21	22	23	24	25	26	27	28	29	30	31	
12	线上招聘信息发布	4.1																																	
13	线下招聘信息发布	4.2																																	
14	应聘信息整理、收集、归档	4.3																																	
15	面试	5																																	
16	面试前准备	5.1																																	
17	初试	5.2																																	
18	复试	5.3																																	
19	背景调查	5.4																																	
20	体检	5.5																																	
21	录用	6																																	
22	内部研讨	6.1																																	
23	确定录用名单	6.2																																	

续表

序号	任务	WBS编号	计划天数	(　　)月																															备注
				1	2	3	4	5	6	7	8	9	10	11	12	13	14	15	16	17	18	19	20	21	22	23	24	25	26	27	28	29	30	31	
24	发送录用通知	6.3																																	
25	录用信息反馈	6.4																																	
26	入职	7																																	
27	办理入职手续	7.1																																	
28	入职培训	7.2																																	
29	项目验收	8																																	

A8-6　甘特图

项目名称：________　进度控制：________　项目经理________　工期：________

序号	任务	WBS编号	计划天数	(　　)月																															备注
				1	2	3	4	5	6	7	8	9	10	11	12	13	14	15	16	17	18	19	20	21	22	23	24	25	26	27	28	29	30	31	
1	确定招聘需求	1																																	
2	客户需求调研	1.1																																	
3	项目建议书	1.2																																	
4	谈判	2																																	
5	初步谈判	2.1																																	
6	正式谈判	2.2																																	
7	签订协议书	2.3																																	
8	项目实施准备	3																																	
9	外部调研	3.1																																	
10	内部研讨	3.2																																	
11	发布招聘信息	4																																	

续表

序号	任务	WBS编号	计划天数	（　　）月																															备注
				1	2	3	4	5	6	7	8	9	10	11	12	13	14	15	16	17	18	19	20	21	22	23	24	25	26	27	28	29	30	31	
12	线上招聘信息发布	4.1																																	
13	线下招聘信息发布	4.2																																	
14	应聘信息整理、收集、归档	4.3																																	
15	面试	5																																	
16	面试前准备	5.1																																	
17	初试	5.2																																	
18	复试	5.3																																	
19	背景调查	5.4																																	
20	体检	5.5																																	
21	录用	6																																	
22	内部研讨	6.1																																	
23	确定录用名单	6.2																																	

续表

序号	任务	WBS编号	计划天数	(　　)月																															备注
				1	2	3	4	5	6	7	8	9	10	11	12	13	14	15	16	17	18	19	20	21	22	23	24	25	26	27	28	29	30	31	
24	发送录用通知	6.3																																	
25	录用信息反馈	6.4																																	
26	入职	7																																	
27	办理入职手续	7.1																																	
28	入职培训	7.2																																	
29	项目验收	8																																	

A8-7　甘特图

项目名称：________　进度控制：________　项目经理________　工期：________

序号	任务	WBS编号	计划天数	(　　)月																															备注
				1	2	3	4	5	6	7	8	9	10	11	12	13	14	15	16	17	18	19	20	21	22	23	24	25	26	27	28	29	30	31	
1	确定招聘需求	1																																	
2	客户需求调研	1.1																																	
3	项目建议书	1.2																																	
4	谈判	2																																	
5	初步谈判	2.1																																	
6	正式谈判	2.2																																	
7	签订协议书	2.3																																	
8	项目实施准备	3																																	
9	外部调研	3.1																																	
10	内部研讨	3.2																																	
11	发布招聘信息	4																																	

续表

序号	任务	WBS编号	计划天数	(　　)月																															备注
				1	2	3	4	5	6	7	8	9	10	11	12	13	14	15	16	17	18	19	20	21	22	23	24	25	26	27	28	29	30	31	
12	线上招聘信息发布	4.1																																	
13	线下招聘信息发布	4.2																																	
14	应聘信息整理、收集、归档	4.3																																	
15	面试	5																																	
16	面试前准备	5.1																																	
17	初试	5.2																																	
18	复试	5.3																																	
19	背景调查	5.4																																	
20	体检	5.5																																	
21	录用	6																																	
22	内部研讨	6.1																																	
23	确定录用名单	6.2																																	

续表

序号	任务	WBS编号	计划天数	(　　)月																															备注
				1	2	3	4	5	6	7	8	9	10	11	12	13	14	15	16	17	18	19	20	21	22	23	24	25	26	27	28	29	30	31	
24	发送录用通知	6.3																																	
25	录用信息反馈	6.4																																	
26	入职	7																																	
27	办理入职手续	7.1																																	
28	入职培训	7.2																																	
29	项目验收	8																																	

A8-8　甘特图

项目名称：__________　进度控制：__________　项目经理__________　工期：__________

序号	任务	WBS编号	计划天数	(　　)月																															备注
				1	2	3	4	5	6	7	8	9	10	11	12	13	14	15	16	17	18	19	20	21	22	23	24	25	26	27	28	29	30	31	
1	确定招聘需求	1																																	
2	客户需求调研	1.1																																	
3	项目建议书	1.2																																	
4	谈判	2																																	
5	初步谈判	2.1																																	
6	正式谈判	2.2																																	
7	签订协议书	2.3																																	
8	项目实施准备	3																																	
9	外部调研	3.1																																	
10	内部研讨	3.2																																	
11	发布招聘信息	4																																	

续表

序号	任务	WBS编号	计划天数	(　　)月																															备注
				1	2	3	4	5	6	7	8	9	10	11	12	13	14	15	16	17	18	19	20	21	22	23	24	25	26	27	28	29	30	31	
12	线上招聘信息发布	4.1																																	
13	线下招聘信息发布	4.2																																	
14	应聘信息整理、收集、归档	4.3																																	
15	面试	5																																	
16	面试前准备	5.1																																	
17	初试	5.2																																	
18	复试	5.3																																	
19	背景调查	5.4																																	
20	体检	5.5																																	
21	录用	6																																	
22	内部研讨	6.1																																	
23	确定录用名单	6.2																																	

续表

序号	任务	WBS编号	计划天数	(　　)月																															备注
				1	2	3	4	5	6	7	8	9	10	11	12	13	14	15	16	17	18	19	20	21	22	23	24	25	26	27	28	29	30	31	
24	发送录用通知	6.3																																	
25	录用信息反馈	6.4																																	
26	入职	7																																	
27	办理入职手续	7.1																																	
28	入职培训	7.2																																	
29	项目验收	8																																	

A8-9 甘特图

项目名称：＿＿＿＿＿ 进度控制：＿＿＿＿＿ 项目经理＿＿＿＿＿ 工期：＿＿＿＿＿

序号	任务	WBS编号	计划天数	(　　)月																															备注
				1	2	3	4	5	6	7	8	9	10	11	12	13	14	15	16	17	18	19	20	21	22	23	24	25	26	27	28	29	30	31	
1	确定招聘需求	1																																	
2	客户需求调研	1.1																																	
3	项目建议书	1.2																																	
4	谈判	2																																	
5	初步谈判	2.1																																	
6	正式谈判	2.2																																	
7	签订协议书	2.3																																	
8	项目实施准备	3																																	
9	外部调研	3.1																																	
10	内部研讨	3.2																																	
11	发布招聘信息	4																																	

续表

序号	任务	WBS编号	计划天数	(　　)月																															备注
				1	2	3	4	5	6	7	8	9	10	11	12	13	14	15	16	17	18	19	20	21	22	23	24	25	26	27	28	29	30	31	
12	线上招聘信息发布	4.1																																	
13	线下招聘信息发布	4.2																																	
14	应聘信息整理、收集、归档	4.3																																	
15	面试	5																																	
16	面试前准备	5.1																																	
17	初试	5.2																																	
18	复试	5.3																																	
19	背景调查	5.4																																	
20	体检	5.5																																	
21	录用	6																																	
22	内部研讨	6.1																																	
23	确定录用名单	6.2																																	

续表

序号	任务	WBS编号	计划天数	(　　)月																															备注
				1	2	3	4	5	6	7	8	9	10	11	12	13	14	15	16	17	18	19	20	21	22	23	24	25	26	27	28	29	30	31	
24	发送录用通知	6.3																																	
25	录用信息反馈	6.4																																	
26	入职	7																																	
27	办理入职手续	7.1																																	
28	入职培训	7.2																																	
29	项目验收	8																																	

A8-10　甘特图

项目名称：________　进度控制：________　项目经理________　工期：________

序号	任务	WBS编号	计划天数	(　　)月																															备注
				1	2	3	4	5	6	7	8	9	10	11	12	13	14	15	16	17	18	19	20	21	22	23	24	25	26	27	28	29	30	31	
1	确定招聘需求	1																																	
2	客户需求调研	1.1																																	
3	项目建议书	1.2																																	
4	谈判	2																																	
5	初步谈判	2.1																																	
6	正式谈判	2.2																																	
7	签订协议书	2.3																																	
8	项目实施准备	3																																	
9	外部调研	3.1																																	
10	内部研讨	3.2																																	
11	发布招聘信息	4																																	

续表

序号	任务	WBS编号	计划天数	(　　)月																															备注
				1	2	3	4	5	6	7	8	9	10	11	12	13	14	15	16	17	18	19	20	21	22	23	24	25	26	27	28	29	30	31	
12	线上招聘信息发布	4.1																																	
13	线下招聘信息发布	4.2																																	
14	应聘信息整理、收集、归档	4.3																																	
15	面试	5																																	
16	面试前准备	5.1																																	
17	初试	5.2																																	
18	复试	5.3																																	
19	背景调查	5.4																																	
20	体检	5.5																																	
21	录用	6																																	
22	内部研讨	6.1																																	
23	确定录用名单	6.2																																	

续表

序号	任务	WBS编号	计划天数	(　　)月																															备注
				1	2	3	4	5	6	7	8	9	10	11	12	13	14	15	16	17	18	19	20	21	22	23	24	25	26	27	28	29	30	31	
24	发送录用通知	6.3																																	
25	录用信息反馈	6.4																																	
26	入职	7																																	
27	办理入职手续	7.1																																	
28	入职培训	7.2																																	
29	项目验收	8																																	

A8-11　甘特图

项目名称：________　进度控制：________　项目经理________　工期：________

序号	任务	WBS编号	计划天数	（　　）月																															备注
				1	2	3	4	5	6	7	8	9	10	11	12	13	14	15	16	17	18	19	20	21	22	23	24	25	26	27	28	29	30	31	
1	确定招聘需求	1																																	
2	客户需求调研	1.1																																	
3	项目建议书	1.2																																	
4	谈判	2																																	
5	初步谈判	2.1																																	
6	正式谈判	2.2																																	
7	签订协议书	2.3																																	
8	项目实施准备	3																																	
9	外部调研	3.1																																	
10	内部研讨	3.2																																	
11	发布招聘信息	4																																	

续表

序号	任务	WBS编号	计划天数	(　　)月																															备注
				1	2	3	4	5	6	7	8	9	10	11	12	13	14	15	16	17	18	19	20	21	22	23	24	25	26	27	28	29	30	31	
12	线上招聘信息发布	4.1																																	
13	线下招聘信息发布	4.2																																	
14	应聘信息整理、收集、归档	4.3																																	
15	面试	5																																	
16	面试前准备	5.1																																	
17	初试	5.2																																	
18	复试	5.3																																	
19	背景调查	5.4																																	
20	体检	5.5																																	
21	录用	6																																	
22	内部研讨	6.1																																	
23	确定录用名单	6.2																																	

续表

序号	任务	WBS编号	计划天数	(　　)月																															备注
				1	2	3	4	5	6	7	8	9	10	11	12	13	14	15	16	17	18	19	20	21	22	23	24	25	26	27	28	29	30	31	
24	发送录用通知	6.3																																	
25	录用信息反馈	6.4																																	
26	入职	7																																	
27	办理入职手续	7.1																																	
28	入职培训	7.2																																	
29	项目验收	8																																	

A9　人员招聘总计划(第　　组)

类型	数量	总成本
业务员		
调研员		
策划师		
法律顾问		
文秘		
联络员		
公关人员		
资料员		
面试官		
培训师		

经办人签字：　　成本人签字：　　审核人签字：　　日期：

A10-1　人员招聘表(第　　组)

职位	工作形式	合同签订时间	工资/(元/月)	招募人数
业务员				
调研员				
策划师				
法律顾问				
文秘				
联络员				
公关人员				
资料员				
面试官				
培训师				

经办人签字：　　　抄送人签字：　　　审核人签字：　　　日期：

A10-2　人员招聘表(第　　组)

职位	工作形式	合同签订时间	工资/(元/月)	招募人数
业务员				
调研员				
策划师				
法律顾问				
文秘				
联络员				
公关人员				
资料员				
面试官				
培训师				

经办人签字：　　　抄送人签字：　　　审核人签字：　　　日期：

A10-3 人员招聘表(第　　组)

职位	工作形式	合同签订时间	工资/(元/月)	招募人数
业务员				
调研员				
策划师				
法律顾问				
文秘				
联络员				
公关人员				
资料员				
面试官				
培训师				
经办人签字：	抄送人签字：	审核人签字：	日期：	

A10-4 人员招聘表(第　　组)

职位	工作形式	合同签订时间	工资/(元/月)	招募人数
业务员				
调研员				
策划师				
法律顾问				
文秘				
联络员				
公关人员				
资料员				
面试官				
培训师				
经办人签字：	抄送人签字：	审核人签字：	日期：	

A10-5　人员招聘表(第　　组)

职位	工作形式	合同签订时间	工资/(元/月)	招募人数
业务员				
调研员				
策划师				
法律顾问				
文秘				
联络员				
公关人员				
资料员				
面试官				
培训师				
经办人签字：	抄送人签字：	审核人签字：	日期：	

A10-6　人员招聘表(第　　组)

职位	工作形式	合同签订时间	工资/(元/月)	招募人数
业务员				
调研员				
策划师				
法律顾问				
文秘				
联络员				
公关人员				
资料员				
面试官				
培训师				
经办人签字：	抄送人签字：	审核人签字：	日期：	

A10-7　人员招聘表(第　　　组)

职位	工作形式	合同签订时间	工资/(元/月)	招募人数
业务员				
调研员				
策划师				
法律顾问				
文秘				
联络员				
公关人员				
资料员				
面试官				
培训师				
经办人签字：	抄送人签字：	审核人签字：	日期：	

A10-8　人员招聘表(第　　　组)

职位	工作形式	合同签订时间	工资/(元/月)	招募人数
业务员				
调研员				
策划师				
法律顾问				
文秘				
联络员				
公关人员				
资料员				
面试官				
培训师				
经办人签字：	抄送人签字：	审核人签字：	日期：	

A11-1　工资发放单(第　　组)

职位	工作形式	金额/元
业务员		
调研员		
策划师		
法律顾问		
文秘		
联络员		
公关人员		
资料员		
面试官		
培训师		

经办人签字：　　　　抄送人签字：　　　　审核人签字：　　　　日期：

A11-2　工资发放单(第　　组)

职位	工作形式	金额/元
业务员		
调研员		
策划师		
法律顾问		
文秘		
联络员		
公关人员		
资料员		
面试官		
培训师		

经办人签字：　　　　抄送人签字：　　　　审核人签字：　　　　日期：

A11-3　工资发放单(第　　组)

职位	工作形式	金额/元
业务员		
调研员		
策划师		
法律顾问		
文秘		
联络员		
公关人员		
资料员		
面试官		
培训师		

经办人签字：　　抄送人签字：　　审核人签字：　　日期：

A11-4　工资发放单(第　　组)

职位	工作形式	金额/元
业务员		
调研员		
策划师		
法律顾问		
文秘		
联络员		
公关人员		
资料员		
面试官		
培训师		

经办人签字：　　抄送人签字：　　审核人签字：　　日期：

A11-5　工资发放单(第　　组)

职位	工作形式	金额/元
业务员		
调研员		
策划师		
法律顾问		
文秘		
联络员		
公关人员		
资料员		
面试官		
培训师		

经办人签字：　　抄送人签字：　　审核人签字：　　日期：

A11-6　工资发放单(第　　组)

职位	工作形式	金额/元
业务员		
调研员		
策划师		
法律顾问		
文秘		
联络员		
公关人员		
资料员		
面试官		
培训师		

经办人签字：　　抄送人签字：　　审核人签字：　　日期：

A11-7　工资发放单(第　　　组)

职位	工作形式	金额/元
业务员		
调研员		
策划师		
法律顾问		
文秘		
联络员		
公关人员		
资料员		
面试官		
培训师		

经办人签字：　　　　抄送人签字：　　　　审核人签字：　　　　日期：

A11-8　工资发放单(第　　　组)

职位	工作形式	金额/元
业务员		
调研员		
策划师		
法律顾问		
文秘		
联络员		
公关人员		
资料员		
面试官		
培训师		

经办人签字：　　　　抄送人签字：　　　　审核人签字：　　　　日期：

A12　物资采购总计划(第　　　组)

物资名称	规格	采购单价/元	租赁单价/(元/天)	采购总量	金额
耗材	套	200	—		
电脑	台	8 000	200		
摄像机	台	100 000	300		
录音笔	个	1 000	50		
投影仪	台	5 000	150		
打印机	台	3 000	100		
考场	间	—	1 000		
培训室	间	—	1 500		

A13-1　物资采购单(材料类)(第　　组)

物资采购单　　日期：　年　　月　　日							
物资名称	规格	采购单价/元	租赁单价/(元/天)	采购方式		采购总量	金额
				购买	租赁		
耗材	套	200	—				
电脑	台	8 000	200				
摄像机	台	100 000	300				
录音笔	个	1 000	50				
投影仪	台	5 000	150				
打印机	台	3 000	100				
考场	间	—	1 000				
培训室	间	—	1 500				

A13-2　物资采购单(材料类)(第　　组)

物资采购单　　日期：　年　　月　　日							
物资名称	规格	采购单价/元	租赁单价/(元/天)	采购方式		采购总量	金额
				购买	租赁		
耗材	套	200	—				
电脑	台	8 000	200				
摄像机	台	100 000	300				
录音笔	个	1 000	50				
投影仪	台	5 000	150				
打印机	台	3 000	100				
考场	间	—	1 000				
培训室	间	—	1 500				

A13-3 物资采购单(材料类)(第 组)

物资采购单			日期: 年 月 日				
物资名称	规格	采购单价/元	租赁单价/(元/天)	采购方式		采购总量	金额
				购买	租赁		
耗材	套	200	—				
电脑	台	8 000	200				
摄像机	台	100 000	300				
录音笔	个	1 000	50				
投影仪	台	5 000	150				
打印机	台	3 000	100				
考场	间	—	1 000				
培训室	间	—	1 500				

A13-4 物资采购单(材料类)(第 组)

物资采购单			日期: 年 月 日				
物资名称	规格	采购单价/元	租赁单价/(元/天)	采购方式		采购总量	金额
				购买	租赁		
耗材	套	200	—				
电脑	台	8 000	200				
摄像机	台	100 000	300				
录音笔	个	1 000	50				
投影仪	台	5 000	150				
打印机	台	3 000	100				
考场	间	—	1 000				
培训室	间	—	1 500				

A13−5　物资采购单(材料类)(第　　组)

<table>
<tr><td colspan="8">物资采购单　　　　日期:　　年　　月　　日</td></tr>
<tr><td rowspan="2">物资名称</td><td rowspan="2">规格</td><td rowspan="2">采购单价/元</td><td rowspan="2">租赁单价/(元/天)</td><td colspan="2">采购方式</td><td rowspan="2">采购总量</td><td rowspan="2">金额</td></tr>
<tr><td>购买</td><td>租赁</td></tr>
<tr><td>耗材</td><td>套</td><td>200</td><td>—</td><td></td><td></td><td></td><td></td></tr>
<tr><td>电脑</td><td>台</td><td>8 000</td><td>200</td><td></td><td></td><td></td><td></td></tr>
<tr><td>摄像机</td><td>台</td><td>100 000</td><td>300</td><td></td><td></td><td></td><td></td></tr>
<tr><td>录音笔</td><td>个</td><td>1 000</td><td>50</td><td></td><td></td><td></td><td></td></tr>
<tr><td>投影仪</td><td>台</td><td>5 000</td><td>150</td><td></td><td></td><td></td><td></td></tr>
<tr><td>打印机</td><td>台</td><td>3 000</td><td>100</td><td></td><td></td><td></td><td></td></tr>
<tr><td>考场</td><td>间</td><td>—</td><td>1 000</td><td></td><td></td><td></td><td></td></tr>
<tr><td>培训室</td><td>间</td><td>—</td><td>1 500</td><td></td><td></td><td></td><td></td></tr>
</table>

A13−6　物资采购单(材料类)(第　　组)

<table>
<tr><td colspan="8">物资采购单　　　　日期:　　年　　月　　日</td></tr>
<tr><td rowspan="2">物资名称</td><td rowspan="2">规格</td><td rowspan="2">采购单价/元</td><td rowspan="2">租赁单价/(元/天)</td><td colspan="2">采购方式</td><td rowspan="2">采购总量</td><td rowspan="2">金额</td></tr>
<tr><td>购买</td><td>租赁</td></tr>
<tr><td>耗材</td><td>套</td><td>200</td><td>—</td><td></td><td></td><td></td><td></td></tr>
<tr><td>电脑</td><td>台</td><td>8 000</td><td>200</td><td></td><td></td><td></td><td></td></tr>
<tr><td>摄像机</td><td>台</td><td>100 000</td><td>300</td><td></td><td></td><td></td><td></td></tr>
<tr><td>录音笔</td><td>个</td><td>1 000</td><td>50</td><td></td><td></td><td></td><td></td></tr>
<tr><td>投影仪</td><td>台</td><td>5 000</td><td>150</td><td></td><td></td><td></td><td></td></tr>
<tr><td>打印机</td><td>台</td><td>3 000</td><td>100</td><td></td><td></td><td></td><td></td></tr>
<tr><td>考场</td><td>间</td><td>—</td><td>1 000</td><td></td><td></td><td></td><td></td></tr>
<tr><td>培训室</td><td>间</td><td>—</td><td>1 500</td><td></td><td></td><td></td><td></td></tr>
</table>

A13-7　物资采购单(材料类)(第　　组)

物资采购单		日期:　　年　　月　　日					
物资名称	规格	采购单价/元	租赁单价/(元/天)	采购方式		采购总量	金额
				购买	租赁		
耗材	套	200	—				
电脑	台	8 000	200				
摄像机	台	100 000	300				
录音笔	个	1 000	50				
投影仪	台	5 000	150				
打印机	台	3 000	100				
考场	间	—	1 000				
培训室	间	—	1 500				

A13-8　物资采购单(材料类)(第　　组)

物资采购单		日期:　　年　　月　　日					
物资名称	规格	采购单价/元	租赁单价/(元/天)	采购方式		采购总量	金额
				购买	租赁		
耗材	套	200	—				
电脑	台	8 000	200				
摄像机	台	100 000	300				
录音笔	个	1 000	50				
投影仪	台	5 000	150				
打印机	台	3 000	100				
考场	间	—	1 000				
培训室	间	—	1 500				

A14-1　设备维修单（第　　组）

设备维修单			
填表日期：　　年　　月　　日			
设备名称	维修数量	维修起止时间	维修费
经办人签字：	抄送人签字：	审核人签字：	

A14-2　设备维修单（第　　组）

设备维修单			
填表日期：　　年　　月　　日			
设备名称	维修数量	维修起止时间	维修费
经办人签字：	抄送人签字：	审核人签字：	

A14-3　设备维修单（第　　组）

设备维修单			
填表日期：　　年　　月　　日			
设备名称	维修数量	维修起止时间	维修费
经办人签字：	抄送人签字：	审核人签字：	

A14-4　设备维修单（第　　组）

设备维修单			
填表日期：　　年　　月　　日			
设备名称	维修数量	维修起止时间	维修费
经办人签字：	抄送人签字：	审核人签字：	

A14-5　设备维修单(第　　组)

设备维修单			
填表日期：　　年　　月　　日			
设备名称	维修数量	维修起止时间	维修费
经办人签字：	抄送人签字：	审核人签字：	

A14-6　设备维修单(第　　组)

设备维修单			
填表日期：　　年　　月　　日			
设备名称	维修数量	维修起止时间	维修费
经办人签字：	抄送人签字：	审核人签字：	

A14-7　设备维修单(第　　组)

设备维修单			
填表日期：　　年　　月　　日			
设备名称	维修数量	维修起止时间	维修费
经办人签字：	抄送人签字：	审核人签字：	

A14-8　设备维修单(第　　组)

设备维修单			
填表日期：　　年　　月　　日			
设备名称	维修数量	维修起止时间	维修费
经办人签字：	抄送人签字：	审核人签字：	

A15　成本估算表　单位:元(第　　　组)

项目总预算:	本回合初始资金:
固定费用估算:	材料成本估算:
其他费用估算:	人员成本估算:
设备成本估算:	
经办人签字:　　　　　抄送人签字:	审核人签字:

A16　成本计划表(第　　　组)

任务列表	WBS编号	前置任务	工期天数	开始时间	结束时间	人员成本	物资成本	总成本
确定招聘需求	1	—						
客户需求调研	1.1	—						
项目建议书	1.2	1.1						
谈判	2	—						
初步谈判	2.1	1.2						
正式谈判	2.2	2.1						
签订协议书	2.3	2.2						
项目实施准备	3	—						
外部调研	3.1	2.3						
内部研讨	3.2	3.1						
发布招聘信息	4	3.2						
线上招聘信息发布	4.1	3.2						
线下招聘信息发布	4.2	3.2						
应聘信息整理、收集、归档	4.3	4.1、4.2						
面试	5	—						
面试前准备	5.1	4.3						
初试	5.2	5.1						
复试	5.3	5.2						
背景调查	5.4	5.3						
体检	5.5	5.4						
录用	6	—						
内部研讨	6.1	5.5						
确定拟录用名单	6.2	6.1						
发送录用通知	6.3	6.2						
录用信息反馈	6.4	6.3						
入职	7	—						
办理入职手续	7.1	6.4						
入职培训	7.2	7.1						
项目验收	8	7.2						

经办人签字：　　　　　抄送人签字：　　　　　审核人签字：

A17-1　现金流量表　单位:元(第　　组)

现金流出项	流出金额	实际流出时间	现金流入项	流入金额	实际流入时间
本月结算工资			上月结余		
银行利息			合同预付款		
维修费用			银行贷款		
维修费用					
维修费用					
物资购买					
物资购买					
物资购买					
结转:					
经办人:　　抄送人:　　审核人:					

A17-2　现金流量表　单位:元(第　　组)

现金流出项	流出金额	实际流出时间	现金流入项	流入金额	实际流入时间
本月结算工资			上月结余		
银行利息			合同预付款		
维修费用			银行贷款		
维修费用					
维修费用					
物资购买					
物资购买					
物资购买					
结转:					
经办人:　　抄送人:　　审核人:					

A17-3　现金流量表　单位:元(第　　组)

现金流出项	流出金额	实际流出时间	现金流入项	流入金额	实际流入时间
本月结算工资			上月结余		
银行利息			合同预付款		
维修费用			银行贷款		
维修费用					
维修费用					
物资购买					
物资购买					
物资购买					

结转:

经办人:　　　　抄送人:　　　　审核人:

A17-4　现金流量表　单位:元(第　　组)

现金流出项	流出金额	实际流出时间	现金流入项	流入金额	实际流入时间
本月结算工资			上月结余		
银行利息			合同预付款		
维修费用			银行贷款		
维修费用					
维修费用					
物资购买					
物资购买					
物资购买					

结转:

经办人:　　　　抄送人:　　　　审核人:

A17-5　现金流量表　单位:元(第　　组)

现金流出项	流出金额	实际流出时间	现金流入项	流入金额	实际流入时间
本月结算工资			上月结余		
银行利息			合同预付款		
维修费用			银行贷款		
维修费用					
维修费用					
物资购买					
物资购买					
物资购买					

结转:

经办人:　　　　抄送人:　　　　审核人:

A17-6　现金流量表　单位:元(第　　组)

现金流出项	流出金额	实际流出时间	现金流入项	流入金额	实际流入时间
本月结算工资			上月结余		
银行利息			合同预付款		
维修费用			银行贷款		
维修费用					
维修费用					
物资购买					
物资购买					
物资购买					

结转:

经办人:　　　　抄送人:　　　　审核人:

A17-7　现金流量表　单位:元(第　　组)

现金流出项	流出金额	实际流出时间	现金流入项	流入金额	实际流入时间
本月结算工资			上月结余		
银行利息			合同预付款		
维修费用			银行贷款		
维修费用					
维修费用					
物资购买					
物资购买					
物资购买					
结转:					
经办人:　　　　抄送人:　　　　审核人:					

A17-8　现金流量表　单位:元(第　　组)

现金流出项	流出金额	实际流出时间	现金流入项	流入金额	实际流入时间
本月结算工资			上月结余		
银行利息			合同预付款		
维修费用			银行贷款		
维修费用					
维修费用					
物资购买					
物资购买					
物资购买					
结转:					
经办人:　　　　抄送人:　　　　审核人:					

A18　现金流量总表　单位:元(第　　　组)

现金流出项	流出金额	实际流出时间	现金流入项	流入金额	实际流入时间
银行本金			上月结余		
			甲方支付尾款		
			甲方质保金		
结转:					
经办人:　　抄送人:　　审核人:					

A19-1　存款单/贷款单(第　　组)

银行名称	业务类型（存款/贷款）	业务形式（年利率5%）	金额/元	提交日期	周期

经办人签字：　　　　　抄送人签字：　　　　审核人签字：

A19-2　存款单/贷款单(第　　组)

银行名称	业务类型（存款/贷款）	业务形式（年利率5%）	金额/元	提交日期	周期

经办人签字：　　　　　抄送人签字：　　　　审核人签字：

A19-3　存款单/贷款单(第　　组)

银行名称	业务类型（存款/贷款）	业务形式（年利率5%）	金额/元	提交日期	周期

经办人签字：　　　　　抄送人签字：　　　　审核人签字：

A19-4　存款单/贷款单(第　　组)

银行名称	业务类型（存款/贷款）	业务形式（年利率5%）	金额/元	提交日期	周期

经办人签字：　　　　抄送人签字：　　　　审核人签字：

A19-5　存款单/贷款单(第　　组)

银行名称	业务类型（存款/贷款）	业务形式（年利率5%）	金额/元	提交日期	周期

经办人签字：　　　　抄送人签字：　　　　审核人签字：

A19-6　存款单/贷款单(第　　组)

银行名称	业务类型（存款/贷款）	业务形式（年利率5%）	金额/元	提交日期	周期

经办人签字：　　　　抄送人签字：　　　　审核人签字：

A19-7　存款单/贷款单(第　　　组)

银行名称	业务类型(存款/贷款)	业务形式(年利率5%)	金额/元	提交日期	周期

经办人签字：　　　　　　抄送人签字：　　　　　　审核人签字：

A19-8　存款单/贷款单(第　　　组)

银行名称	业务类型(存款/贷款)	业务形式(年利率5%)	金额/元	提交日期	周期

经办人签字：　　　　　　抄送人签字：　　　　　　审核人签字：

A20　工资明细表(第　　　组)

姓名	工作形式	职位	总计/元

续表

姓名	工作形式	职位	总计/元
经办人签字：	抄送人签字：	审核人签字：	

A21 挣值分析表(第　　组)

任务列表	任务完成度	PV	AC	EV	SV	CV	CPI	SPI
确定招聘需求								
客户需求调研								
项目建议书								
谈判								
初步谈判								
正式谈判								
签订协议书								
项目实施准备								
外部调研								
内部研讨								
发布招聘信息								
线上招聘信息发布								
线下招聘信息发布								
应聘信息整理、收集、归档								
面试								
面试前准备								
初试								
复试								
背景调查								
体检								
录用								
内部研讨								
确定拟录用名单								
发送录用通知								
录用信息反馈								
入职								
办理入职手续								
入职培训								
项目验收								

经办人签字：　　　　抄送人签字：　　　　审核人签字：

A22　风险管理表(第　　　组)

风险内容	实际损失/元	补救措施	负责人

经办人签字：　　　　　抄送人签字：　　　　　审核人签字：

A23　项目负责人决策日志(第　　　组)

序号	决策项目	决策内容	决策人	提交日期	执行时间	操作 (同意/驳回)

续表

序号	决策项目	决策内容	决策人	提交日期	执行时间	操作 （同意/驳回）

经办人签字：　　　　　抄送人签字：　　　　　审核人签字：

项目四　新媒体营销项目管理实验

一、实验目标

在教师指导下完成模拟实验，深入理解新媒体营销项目管理的实践原理；熟练掌握新媒体营销项目管理的基本操作；精通新媒体营销项目管理的关键技术方法；通过实验，培养学生独立进行新媒体营销项目管理的能力。

二、实验要求

(1)熟悉新媒体营销项目管理实验操作：教师采用分段讲解模式，围绕实验流程，着重阐释模拟实验操作要点，帮助学生深度理解实验全流程。

(2)掌握项目启动与计划过程：学生组队，由项目经理完成角色分工，明确成员职责后，开展新媒体营销项目投标及启动工作。项目团队需审视项目、开展需求分析，结合小组资金储备与启动资金要求，确定投标项目。之后，团队成员推进新媒体营销项目计划阶段各项任务落地。

(3)执行新媒体营销项目：计划确定后，进入执行阶段。该阶段包括人员招募、资源采购、资金募集等工作。各负责人依计划推进任务，过程中保持沟通，做好风险预判与防范。

(4)监控项目进度：借助项目甘特图跟踪各项任务进度。基于挣值管理分析进度偏差、成本偏差、进度绩效与成本绩效，为项目计划调整提供了依据。

(5)管控项目风险：针对已出现风险执行应对计划，保障项目顺利推进。项目执行中，系统预警、决策失误等风险均可能出现，团队成员须实时监测、沟通确认应对举措，有效控制风险。

(6)总结与分析项目管理：项目结束后，团队对比计划与实际情况，剖析风险成因及应对措施成效，总结项目成败经验并记录，为后续项目决策与多项目管理优化积累素材。同时，教师对各小组进行评分评价，针对操作问题展开讨论，完成实验并进行分析总结。

三、实验步骤

(1)教师深入讲解项目经理决策流程,清晰阐明各职能角色在决策进程中的作用与推进模式,同步发布项目信息,对新媒体营销项目的具体内容展开详细介绍。

(2)教师系统阐述新媒体营销项目招投标流程,指导学生参与项目投标,针对生成的项目合同,进行细致且全面的解读。

(3)教师讲解任务关系设定要点,引导学生开展项目工作分解结构(WBS)的实操练习,助力学生掌握工作拆解方法。

(4)教师传授任务工期估算方法,组织学生通过小组讨论、实际操作,完成项目工期估算实践,强化方法运用能力。

(5)教师介绍项目计划评审技术方法,明确要求学生熟练掌握时间参数计算,为项目进度管控打基础。

(6)教师讲解项目时间参数计算方法,安排学生进行实操练习,让学生切实掌握项目时间参数计算技能。

(7)教师讲解项目计划进度设定逻辑,带领学生开展实操练习,助力学生学会设置项目计划进度。

(8)教师讲解招募计划制定要点,组织学生经讨论后,实操设定人员招募计划,熟悉招募规划流程。

(9)教师讲解人员招募具体流程,引导学生通过讨论、实操,模拟人员招募全流程,提升学生实操应用能力。

(10)教师讲解采购计划制定方法,指导学生经讨论后,实操设定采购计划,掌握采购规划要点。

(11)教师讲解采购入库流程,组织学生通过讨论、实操,模拟采购入库过程,明晰入库操作环节。

(12)教师讲解成本估算方法,推动学生经讨论交流后,实操成本估算,强化成本测算能力。

(13)教师讲解存款/贷款管理知识,引导学生经讨论交流后,实操存款/贷款计算,熟悉资金管理操作。

(14)教师讲解风险识别与管理策略,组织学生经讨论交流后,实操风险控制方法,提升风险控制实操水平。

(15)学生进行项目运行实操,各职能角色依据分工履职,密切监控项目动态(如人力资源管理负责人统筹人员分配、采购负责人推进资源调配、风险控制负责人开展风险管控、项目经理把控项目启停等)，模拟真实项目运作场景。

(16)项目运行期间，项目进度负责人动态调整项目进度，成本负责人按时填报挣值数据，保障项目数据跟踪与进度成本管控。

(17)项目管理模拟结束后，教师开展综合点评与总结，梳理实操亮点与问题，提炼经验教训，帮助学生加强认知。

四、新媒体营销项目管理实验情境

得宝公司是一家专注于特色食品生产与销售的企业。近年来，面临市场环境急剧变化导致销售量下降问题。为扭转经营状况，公司股东大会决议聘请一家专业的新媒体服务运营公司，旨在根据公司产品定位，开展一系列新媒体营销委托项目。

项目名称：得宝公司新媒体营销项目。

项目地点：北海市滨海大道10号。

项目交付时间：自合同签订之日起6个月内完成。

项目预算上限：不超过50万元人民币。

项目目标：通过新媒体营销策略，实现销售增长额超过1000万元人民币。

五、新媒体营销项目管理实验规则

(一)打分规则

综合实践成绩由以下几个部分构成：模拟实验成绩占40%，小组汇报总结占20%，个人总结(实验报告)占20%，考勤占10%，实训态度占10%。其中，模拟实验成绩由以下几个部分构成：投标书及合同填写与报价占20%，商务展示占20%，工期履约占30%，最终利润占30%，并根据违规操作情况进行扣分，具体评定标准如下。

(1)投标书及合同填写与报价：投标书及合同填写需完整且符合规范，满分100分。

(2)商务展示：投标人应根据招标文件要求，对项目设计方案进行现场演示讲解，并围绕以下3个维度进行评分：

A．执行情况说明(50分)：包括整体规划布局、分板块介绍、产品与服务演示等。

B．售后服务方案说明(25分)：考查其完善性、合理性及有效性。

C．履约能力及信誉说明(25分)：考查其完善性、合理性及有效性。

(3)工期履约：初始为100分，根据小组合同工期，提前1天交付可增加0.5分，加分上限为20分；逾期1天交付则扣减0.5分，扣分上限为20分。

（4）最终利润：根据利润高低进行排名，利润最高者为100分，依次递减，第六名及之后为70分。

（5）违规扣分：在填写各项表单过程中，如有涂改，每次扣减0.5分；提交资料必须完整，每缺少1份资料扣减0.5分；不按规则操作每次扣减1分（所有扣分均在总分基础上进行）。

（二）运行规则

1. 进度管理规则

学生在完成WBS编号表的填写及确认后，必须遵循既定工序并严格执行，不得在工序出现错误的情况下推进项目。在制定项目进度计划时，学生必须依照任务工期估计表（A6）及时间参数计算表（A7）的步骤来完成。

2. 风险处置规则

项目启动时间由教师确定，一旦时间流启动，进度控制人员需在计算机上执行实际进度控制。一旦触发风险点，必须通知项目经理，并暂停项目进度，直至风险事件处理完毕后，方可继续执行实际进度控制。若发生人员离职这一系统风险，时间流将暂停，学生需在10分钟内处理完毕风险事件，处理完毕后时间流将重新启动，项目实际进度至少会落后计划进度2天。此后，后续实际工序至少需延期2天，但可采取补救措施，加快进度以弥补损失的时间，确保后续计划进度与实际进度保持一致。

若发生系统风险，时间流将暂停，学生需在10分钟内处理完毕风险事件，人员或物资的延期时间即为项目实际进度的滞后时间，处理完毕后时间流将重启。

若发生个性风险，仅影响个别小组，时间流不会停滞，仅该小组的时间与时间流发生偏离，偏离时间加上人员或物资的延期时间，即为项目实际进度的滞后时间。

若发生内生性风险，仅个别小组操作失误导致的风险，时间流不会停止，该小组的时间与时间流发生偏离，偏离时间加上人员或物资的延期时间即为项目实际进度的滞后时间。

3. 采购管理规则

所有物资，无论是购买还是租赁，均需2天的送货期。购买物资的送货期间不产生费用，而租赁物资的送货期间则会产生费用。

采购负责人须填写物资采购单（A13），经项目经理审批并由助教确认后，方可继续项目进度。取得单据后，需通知项目助理进行记录，并由成本负责人核算成本。组内各成员均需了解此流程。

在项目执行期间，设备可能损坏，损坏后需自行维修，维修将产生费用，维修费用为设备价格的20%，且设备维修期间需停工2天，设备修复后方可重新启动。采购阶段，采购负责人须填写设备维修单（A14），经项目经理审批并由助教确认后，方可继续项目进度。取得单据后，须通知项目助理进行记录，成本负责人核算成本。组内各成员均需了解此流程。

各组物资同质、明码标价，命名为"物资或设备+A/B/C/D"等。

4. 人力资源管理规则

人员包括正式员工和临时工，两者工资标准不同，发放方式亦不同（正式员工为月工资，临时工为日工资），命名为"职位+A/B/C/D"等。

所有人员招聘与物资一样，均有2天到岗期，正式员工在到岗期间不产生费用，临时工的到岗期计入合同期内，因此临时工到岗期也会产生费用。

在项目中，人员招聘必须严格按照1∶1的比例进行，若需缩短工期，则也需按照同等比例招聘相应倍数的人员，并配备相同比例的物资，若缩短工期后为3.5天，超出整数部分按1天计算，即算作4天。

不得随意解雇员工。合同期生效后，不得随意违反合同或提前解雇员工，员工离职无须赔偿违约金。

在招聘时，人力资源管理负责人需填写人员招聘表（A10），经项目经理审批并由助教确认后，方可继续项目进度。取得单据后，需通知项目助理进行记录、成本负责人核算成本。组内各成员均需熟悉此流程。

每月15日结算工资，正式员工与临时工合同自招聘日起算，若在第一个月15日时未到合同期结束，则该员工延期至第二个月结算，人力资源管理负责人须填写工资发放单（A11），经项目经理审批并由助教确认后，方可继续项目进度。取得单据后，须通知项目助理进行记录、成本负责人核算成本。组内各成员均需了解此流程。

5. 成本管理规则

成本负责人在项目开始时需填写成本估算表（A15）和成本计划表（A16）。在运行过程中，月底根据收入与支出填写现金流量表（A17），采用收付实现制。在运行过程中，如需贷款，需填写存款单/贷款单（A19），经助教确认后，方可继续项目进度。取得单据后，需及时通知项目助理进行记录，再交由成本负责人开展成本核算。组内各成员均需熟悉此流程。贷款利率统一按照年利率5%计算，利息按月结算，本金在项目结束后支付。贷款在申请后2天到款。项目结束时，需填写工资明细表（A20）和挣值分析表（A21）。

6. 管理人员规则

项目实施阶段，项目经理和风险控制人须分别填写风险管理表（A22）和项目负责人决策日志（A23）。

（三）注意事项

1. 时间流规则

每日工作时间设定为8小时，系统仅对工作时间进行记录。35分钟等同于一天的工作量。教师可根据实际情况暂停时间流，而学生则无权自行控制时间流。

2. 风险分类与处置

风险分为系统性风险、个别风险及内生性风险。系统性风险发生时，所有公司均会受到波及。若公司在风险发生时未涉及相关活动，则可避免该风险。个别风险仅针对特定群体，由教师依据系统随机规则或指定抽签规则决定风险的发生。内生性风险源于学生操作不当，如未能及时填写表单、资金链断裂等。所有风险的解释权归教师所有。

3. 助教系统规则

项目设立系统助教，可由1人或多人担任。在项目运营期间，学生分组所担任的6大职位均需填写各类表格，并经由同一名助教确认。未经助教签字或盖章确认的表格将被视为无效。签字不得提前或延后进行，若需补签，则助教必须在单据上做出特别说明并进行相应登记（表单禁止使用铅笔或可擦除的笔填写，填写后的表单不得进行修改或涂改，否则表单作废，助教不予签字）。助教须统计各小组的基本信息，实时监控各小组状况，确认学生是否违反规则，并协助教师监督和设置风险。

4. 资料管理规则

学生在整个项目期间的表单须妥善保管，不得遗失，若遗失，系统结算时会相应扣分。

5. 工期压缩规则

各组可根据项目计划工期，通过成本核算、成倍增加资源配置压缩工期，但压缩后的工期不得短于原计划工期。例如，若某工期为10天，需要人员A工作8天，人员B工作2天，若因风险发生导致工期延误10天，则需扩招人员A、人员B各1人，以实现压缩工期至10天的目标。若工期延误8天，则仍须扩招人员A、人员B各1人，以达到压缩工期至10天的目标。若工期延误12天，则扩招人员A、人员B各1人，可实现压缩工期至10天，实际工期为12天。

六、实验表单

A1　项目基础资料

(一)标的介绍

得宝公司是一家专注于特色食品生产与销售的企业。近年来,公司面临市场环境的剧烈变动,导致销售业绩有所下降。为扭转这一不利局面,公司决定采取积极措施,经股东大会决议,聘请一家专业的新媒体服务运营公司,旨在根据公司产品定位,开展一系列新媒体营销活动。

项目名称:得宝公司新媒体营销项目;

项目地点:北海市滨海大道10号;

项目交付时间:自合同签订之日起6个月内完成;

项目预算上限:不超过50万元人民币;

项目目标:通过新媒体营销策略,实现销售增长额超过1000万元人民币。

(二)任务简介

任务列表	简介(对应岗位)
市场调研 (调研计划、调研实施、市场分析)	业务员、调研员、分析师
初始营销策划 (内部研讨、营销策划)	研究员、分析师、策划师
直播初试 (直播运行、初试数据分析)	直播员、联络员、策划师、分析师、资料员
营销策划升级 (内部研讨、营销策划)	研究员、分析师、策划师
直播实施 (直播运行、数据分析)	直播员、联络员、策划师、分析师、资料员
营销报表分析	分析师、会计师、资料员
项目验收	法律顾问、资料员、策划师

(三)所需人员及物资

任务列表	人员需求	工作量 /(工时/小时)	物资需求	需求量
市场调研			耗材	5套

续表

任务列表	人员需求	工作量/(工时/小时)	物资需求	需求量
调研计划	业务员	40	电脑	1台
	调研员	40	电脑	1台
调研实施	调研员	40	录音笔	1个
市场分析	分析师	40	电脑	1台
初始营销策划			耗材	3套
内部研讨	研究员	40	电脑	1台
	分析师	40	电脑	1台
营销策划	策划师	40	投影仪	1台
直播初试			耗材	5套
直播运行	直播员	40	直播室	1间
	联络员	24		
初试数据分析	策划师	24	电脑	1台
	分析师	32	投影仪	1台
	资料员	24	电脑	1台
营销策划升级			耗材	3套
内部研讨	研究员	40	电脑	1台
	分析师	40	电脑	1台
营销策划	策划师	40	投影仪	1台
直播实施			耗材	20套
直播运行	直播员	960	直播室	4间
	联络员	576		
数据分析	策划师	96	电脑	1台
	分析师	128	投影仪	1台
	资料员	96	电脑	1台
营销报表分析			耗材	5套
	分析师	80	电脑	1台
	会计师	80	电脑	1台
	资料员	80	电脑	1台
项目验收			耗材	10套
	法律顾问	24	打印机	1台
	资料员	40	电脑	1台

续表

任务列表	人员需求	工作量/(工时/小时)	物资需求	需求量
项目验收	策划师	24	投影仪	1台

(四)工资水平

职位	正式员工工资/(元/月)	临时工工资/(元/天)
业务员	8 050	400
调研员	10 000	500
策划师	15 000	600
研究员	20 000	800
分析师	15 000	600
直播员	20 000	800
会计师	15 000	600
法律顾问	11 000	500
联络员	7 000	400
资料员	8 000	400

(五)物资价格

物资名称	规格	采购单价/元	租赁单价/(元/天)
耗材	套	200	—
电脑	台	8 000	200
录音笔	个	1 000	50
投影仪	台	5 000	150
打印机	台	3 000	100
直播室	间	—	2 000

A2　项目投标书(第　　组)

项目投标书(简易版)

项目由________________________公司投标

致:尊敬的_____________________公司

(1)我方已仔细研读《管理咨询项目需求建议书》(简称招标书),现提交本项目投标文件。我方承诺严格依照招标文件规定,遵守所有条款,全面承担项目运作工作。

(2)我方认可,在项目概况文件约定的投标书有效期内,严格执行本投标书及全部投标文件,受其约束,随时配合贵方接收流程。

(3)若贵方接纳我方投标,我方保证按招标文件规定日期启动管理咨询工作,依项目范围,于______日前完成全部工作并通过验收。

(4)若业主接收我方投标书并签订合同,本投标书及贵方接收的全部投标文件将作为合同文件组成部分,在项目实施至售后服务期内,兑现投标文件所有承诺。

一、标的描述

得宝公司是一家从事特色食品生产与销售的企业。近年来,由于市场环境的迅速变化,销售量下滑。为了改变经营现状,公司股东大会决定聘请专业新媒体服务运营公司,根据公司产品定位,实施“一揽子”新媒体营销委托项目。

项目名称:得宝公司新媒体营销项目;

项目地点:北海市滨海大道10号;

项目交付时间:签订合同6个月以内;

项目全包资金:不超过50万元;

项目内容:通过新媒体营销,使销售增量超1000万元。

二、投标方介绍

(一)公司名称:____________________

(二)注册资金:____________________

(三)法人代表:____________________

(四)主营业务:____________________

(五)办公地址:____________________

(六)联系方式:____________________

三、承包方式

管理咨询项目将采用包造价(除甲供材料、设备和设施外)模式,我方全面承担责任。

四、质量标准

遵循公司服务质量体系文件执行。

五、管理措施

(1)本项目实行项目运营负责制,由项目经理全面负责各项职能,因此项目经理为项目咨询管理的第一责任人。

(2)建立和完善以项目经理为核心的信息安全管理体系,组织开展管理咨询活动。

(3)由项目经理建立各级人员服务责任制度,明确各级人员的服务职责,抓好制度落实和责任落实,定期检查服务责任落实情况,及时报告相关问题。

(4)建立和完善管理咨询人员持证上岗及相关操作规章制度。

(5)检查管理咨询责任落实情况时,必须有详细的记录。

(6)根据公司管理咨询作业标准及操作程序,强化员工的工作意识。

(7)严禁无证上岗和岗位串岗作业。

(8)针对严格执行劳动纪律、遵守操作与安全规程,制定相应的管理措施。

(9)每天上班前,召开班前交底会,由班组长布置当天的服务任务、操作要求及注意事项。

六、项目报价

该项目我方给出的全包价格为__________元人民币。

七、项目工期

该项目我方给出的项目工期为__________天。

制定人及签章:

日　　　期:__________

A3　项目合同(第　　组)

项目合同(简易版)

合同签订后即启动项目,项目双方应按照合同要求执行。

签订日期:______年______月______日;

乙方承诺按照甲方要求工期如期完工,最晚______年______月______日竣工(项目工期为:______天)。乙方须制定具体实施进度计划,确保在合同期限内完成,配合项目最终验收。如因特殊原因导致工期延误,延误工期由双方协商处理。

项目执行中,甲方有权监督、检查项目进度与质量;甲方须按合同约定支付款项,也有义务配合乙方,提供项目相关信息与资料。

乙方须按甲方有关项目管理要求,定期如实汇报进展情况;经甲方认定不符合合同要求的工作,乙方须返工或整改,由此产生的经济损失由乙方承担。

本项目合同总金额为人民币______元整。

自合同生效后,甲方支付合同总金额20%,为人民币______元整;

项目完成后,甲方支付合同总金额80%,为人民币______元整;

质保金为合同总金额20%,为人民币______元整,项目验收合格且运行期满个月后,由甲方一次性付清。

甲　　方:________________________　乙　　方:________________________

签订日期:________________________　签订日期:________________________

A4　WBS编号表(第　　组)

任务列表	WBS编号
市场调研	
调研计划	
调研实施	
市场分析	
初始营销策划	
内部研讨	
营销策划	
直播初试	
直播运行	
初试数据分析	
营销策划升级	
内部研讨	
营销策划	
直播实施	
直播运行	
数据分析	
营销报表分析	
项目验收	

注:学生结合学习内容填写。

A5　标准WBS编号表

任务列表	WBS编号
市场调研	1
调研计划	1.1
调研实施	1.2
市场分析	1.3
初始营销策划	2
内部研讨	2.1
营销策划	2.2
直播初试	3
直播运行	3.1
初试数据分析	3.2
营销策划升级	4
内部研讨	4.1
营销策划	4.2
直播实施	5
直播运行	5.1
数据分析	5.2
营销报表分析	6
项目验收	7

A6　任务工期估计表(第　　　组)

任务列表	WBS编号	前置任务	乐观时间	最可能时间	悲观时间	期望工期
市场调研	1	—				
调研计划	1.1	—				
调研实施	1.2	1.1				
市场分析	1.3	1.2				
初始营销策划	2	—				
内部研讨	2.1	1.3				
营销策划	2.2	2.1				
直播初试	3	—				
直播运行	3.1	2.2				
初试数据分析	3.2	3.1				
营销策划升级	4	—				
内部研讨	4.1	3.2				
营销策划	4.2	4.1				
直播实施	5	—				
直播运行	5.1	4.2				
数据分析	5.2	4.2				
营销报表分析	6	5.1、5.2				
项目验收	7	6				

经办人：　　　　　　抄送人：　　　　　　审核人：

A7　时间参数计算(第　　　组)

任务列表	WBS编号	前置任务	ES	EF	LS	LF	期望工期
市场调研	1	—					
调研计划	1.1	—					
调研实施	1.2	1.1					
市场分析	1.3	1.2					
初始营销策划	2	—					
内部研讨	2.1	1.3					
营销策划	2.2	2.1					
直播初试	3	—					
直播运行	3.1	2.2					
初试数据分析	3.2	3.1					
营销策划升级	4	—					
内部研讨	4.1	3.2					
营销策划	4.2	4.1					
直播实施	5	—					
直播运行	5.1	4.2					
数据分析	5.2	4.2					
营销报表分析	6	5.1、5.2					
项目验收	7	6					

经办人：　　　　抄送人：　　　　审核人：

A8-1　项目进度计划（第　　　组）

任务列表	WBS编号	前置任务	ES	EF	LS	LF	期望工期	开始时间	结束时间
市场调研	1	—							
调研计划	1.1	—							
调研实施	1.2	1.1							
市场分析	1.3	1.2							
初始营销策划	2	—							
内部研讨	2.1	1.3							
营销策划	2.2	2.1							
直播初试	3	—							
直播运行	3.1	2.2							
初试数据分析	3.2	3.1							
营销策划升级	4	—							
内部研讨	4.1	3.2							
营销策划	4.2	4.1							
直播实施	5	—							
直播运行	5.1	4.2							
数据分析	5.2	4.2							
营销报表分析	6	5.1、5.2							
项目验收	7	6							

经办人：　　　　抄送人：　　　　审核人：

A8-2　甘特图

项目名称：__________　　进度控制：__________　　项目经理__________　　工期：__________

序号	任务	WBS编号	计划天数	(　　)月																															备注
				1	2	3	4	5	6	7	8	9	10	11	12	13	14	15	16	17	18	19	20	21	22	23	24	25	26	27	28	29	30	31	
1	市场调研	1																																	
2	调研计划	1.1																																	
3	调研实施	1.2																																	
4	市场分析	1.3																																	
5	初始营销策划	2																																	
6	内部研讨	2.1																																	
7	营销策划	2.2																																	
8	直播初试	3																																	
9	直播运行	3.1																																	
10	初试数据分析	3.2																																	
11	营销策划升级	4																																	
12	内部研讨	4.1																																	
13	营销策划	4.2																																	
14	直播实施	5																																	
15	直播运行	5.1																																	

续表

序号	任务	WBS编号	计划天数	(　　)月																															备注
				1	2	3	4	5	6	7	8	9	10	11	12	13	14	15	16	17	18	19	20	21	22	23	24	25	26	27	28	29	30	31	
16	数据分析	5.2																																	
17	营销报表分析	6																																	
18	项目验收	7																																	

A8-3　甘特图

项目名称：________　进度控制：________　项目经理________　工期：________

序号	任务	WBS编号	计划天数	(　　)月																															备注
				1	2	3	4	5	6	7	8	9	10	11	12	13	14	15	16	17	18	19	20	21	22	23	24	25	26	27	28	29	30	31	
1	市场调研	1																																	
2	调研计划	1.1																																	
3	调研实施	1.2																																	
4	市场分析	1.3																																	
5	初始营销策划	2																																	
6	内部研讨	2.1																																	
7	营销策划	2.2																																	
8	直播初试	3																																	
9	直播运行	3.1																																	
10	初试数据分析	3.2																																	
11	营销策划升级	4																																	
12	内部研讨	4.1																																	
13	营销策划	4.2																																	
14	直播实施	5																																	
15	直播运行	5.1																																	

续表

序号	任务	WBS编号	计划天数	（　　）月																															备注
				1	2	3	4	5	6	7	8	9	10	11	12	13	14	15	16	17	18	19	20	21	22	23	24	25	26	27	28	29	30	31	
16	数据分析	5.2																																	
17	营销报表分析	6																																	
18	项目验收	7																																	

A8-4　甘特图

项目名称：__________　　进度控制：__________　　项目经理__________　　工期：__________

序号	任务	WBS编号	计划天数	（　　）月																															备注
				1	2	3	4	5	6	7	8	9	10	11	12	13	14	15	16	17	18	19	20	21	22	23	24	25	26	27	28	29	30	31	
1	市场调研	1																																	
2	调研计划	1.1																																	
3	调研实施	1.2																																	
4	市场分析	1.3																																	
5	初始营销策划	2																																	
6	内部研讨	2.1																																	
7	营销策划	2.2																																	
8	直播初试	3																																	
9	直播运行	3.1																																	
10	初试数据分析	3.2																																	
11	营销策划升级	4																																	
12	内部研讨	4.1																																	
13	营销策划	4.2																																	
14	直播实施	5																																	
15	直播运行	5.1																																	

续表

序号	任务	WBS编号	计划天数	(　　)月																															备注
				1	2	3	4	5	6	7	8	9	10	11	12	13	14	15	16	17	18	19	20	21	22	23	24	25	26	27	28	29	30	31	
16	数据分析	5.2																																	
17	营销报表分析	6																																	
18	项目验收	7																																	

A8-5　甘特图

项目名称：＿＿＿＿＿　进度控制：＿＿＿＿＿　项目经理＿＿＿＿＿　工期：＿＿＿＿＿

序号	任务	WBS编号	计划天数	(　　)月																															备注
				1	2	3	4	5	6	7	8	9	10	11	12	13	14	15	16	17	18	19	20	21	22	23	24	25	26	27	28	29	30	31	
1	市场调研	1																																	
2	调研计划	1.1																																	
3	调研实施	1.2																																	
4	市场分析	1.3																																	
5	初始营销策划	2																																	
6	内部研讨	2.1																																	
7	营销策划	2.2																																	
8	直播初试	3																																	
9	直播运行	3.1																																	
10	初试数据分析	3.2																																	
11	营销策划升级	4																																	
12	内部研讨	4.1																																	
13	营销策划	4.2																																	
14	直播实施	5																																	
15	直播运行	5.1																																	

续表

序号	任务	WBS编号	计划天数	(　　)月																															备注
				1	2	3	4	5	6	7	8	9	10	11	12	13	14	15	16	17	18	19	20	21	22	23	24	25	26	27	28	29	30	31	
16	数据分析	5.2																																	
17	营销报表分析	6																																	
18	项目验收	7																																	

A8-6　甘特图

项目名称：__________　进度控制：__________　项目经理__________　工期：__________

序号	任务	WBS编号	计划天数	(　　)月																															备注
				1	2	3	4	5	6	7	8	9	10	11	12	13	14	15	16	17	18	19	20	21	22	23	24	25	26	27	28	29	30	31	
1	市场调研	1																																	
2	调研计划	1.1																																	
3	调研实施	1.2																																	
4	市场分析	1.3																																	
5	初始营销策划	2																																	
6	内部研讨	2.1																																	
7	营销策划	2.2																																	
8	直播初试	3																																	
9	直播运行	3.1																																	
10	初试数据分析	3.2																																	
11	营销策划升级	4																																	
12	内部研讨	4.1																																	
13	营销策划	4.2																																	
14	直播实施	5																																	
15	直播运行	5.1																																	

续表

序号	任务	WBS编号	计划天数	(　　)月																															备注
				1	2	3	4	5	6	7	8	9	10	11	12	13	14	15	16	17	18	19	20	21	22	23	24	25	26	27	28	29	30	31	
16	数据分析	5.2																																	
17	营销报表分析	6																																	
18	项目验收	7																																	

A8-7　甘特图

项目名称：__________　进度控制：__________　项目经理__________　工期：__________

序号	任务	WBS编号	计划天数	(　　)月																															备注
				1	2	3	4	5	6	7	8	9	10	11	12	13	14	15	16	17	18	19	20	21	22	23	24	25	26	27	28	29	30	31	
1	市场调研	1																																	
2	调研计划	1.1																																	
3	调研实施	1.2																																	
4	市场分析	1.3																																	
5	初始营销策划	2																																	
6	内部研讨	2.1																																	
7	营销策划	2.2																																	
8	直播初试	3																																	
9	直播运行	3.1																																	
10	初试数据分析	3.2																																	
11	营销策划升级	4																																	
12	内部研讨	4.1																																	
13	营销策划	4.2																																	
14	直播实施	5																																	
15	直播运行	5.1																																	

续表

序号	任务	WBS编号	计划天数	（ ）月																															备注
				1	2	3	4	5	6	7	8	9	10	11	12	13	14	15	16	17	18	19	20	21	22	23	24	25	26	27	28	29	30	31	
16	数据分析	5.2																																	
17	营销报表分析	6																																	
18	项目验收	7																																	

A8-8 甘特图

项目名称：__________ 进度控制：__________ 项目经理__________ 工期：__________

序号	任务	WBS编号	计划天数	(　　)月																															备注
				1	2	3	4	5	6	7	8	9	10	11	12	13	14	15	16	17	18	19	20	21	22	23	24	25	26	27	28	29	30	31	
1	市场调研	1																																	
2	调研计划	1.1																																	
3	调研实施	1.2																																	
4	市场分析	1.3																																	
5	初始营销策划	2																																	
6	内部研讨	2.1																																	
7	营销策划	2.2																																	
8	直播初试	3																																	
9	直播运行	3.1																																	
10	初试数据分析	3.2																																	
11	营销策划升级	4																																	
12	内部研讨	4.1																																	
13	营销策划	4.2																																	
14	直播实施	5																																	
15	直播运行	5.1																																	

续表

序号	任务	WBS编号	计划天数	（　　）月																															备注
				1	2	3	4	5	6	7	8	9	10	11	12	13	14	15	16	17	18	19	20	21	22	23	24	25	26	27	28	29	30	31	
16	数据分析	5.2																																	
17	营销报表分析	6																																	
18	项目验收	7																																	

A8-9　甘特图

项目名称：__________　进度控制：__________　项目经理__________　工期：__________

序号	任务	WBS编号	计划天数	(　　)月																															备注
				1	2	3	4	5	6	7	8	9	10	11	12	13	14	15	16	17	18	19	20	21	22	23	24	25	26	27	28	29	30	31	
1	市场调研	1																																	
2	调研计划	1.1																																	
3	调研实施	1.2																																	
4	市场分析	1.3																																	
5	初始营销策划	2																																	
6	内部研讨	2.1																																	
7	营销策划	2.2																																	
8	直播初试	3																																	
9	直播运行	3.1																																	
10	初试数据分析	3.2																																	
11	营销策划升级	4																																	
12	内部研讨	4.1																																	
13	营销策划	4.2																																	
14	直播实施	5																																	
15	直播运行	5.1																																	

续表

序号	任务	WBS编号	计划天数	( )月																															备注
				1	2	3	4	5	6	7	8	9	10	11	12	13	14	15	16	17	18	19	20	21	22	23	24	25	26	27	28	29	30	31	
16	数据分析	5.2																																	
17	营销报表分析	6																																	
18	项目验收	7																																	

A8-10 甘特图

项目名称:________ 进度控制:________ 项目经理________ 工期:________

序号	任务	WBS编号	计划天数	( )月																															备注
				1	2	3	4	5	6	7	8	9	10	11	12	13	14	15	16	17	18	19	20	21	22	23	24	25	26	27	28	29	30	31	
1	市场调研	1																																	
2	调研计划	1.1																																	
3	调研实施	1.2																																	
4	市场分析	1.3																																	
5	初始营销策划	2																																	
6	内部研讨	2.1																																	
7	营销策划	2.2																																	
8	直播初试	3																																	
9	直播运行	3.1																																	
10	初试数据分析	3.2																																	
11	营销策划升级	4																																	
12	内部研讨	4.1																																	
13	营销策划	4.2																																	
14	直播实施	5																																	
15	直播运行	5.1																																	

续表

序号	任务	WBS编号	计划天数	(　　)月																															备注
				1	2	3	4	5	6	7	8	9	10	11	12	13	14	15	16	17	18	19	20	21	22	23	24	25	26	27	28	29	30	31	
16	数据分析	5.2																																	
17	营销报表分析	6																																	
18	项目验收	7																																	

A8-11　甘特图

项目名称：__________　进度控制：__________　项目经理__________　工期：__________

序号	任务	WBS编号	计划天数	(　　)月																															备注
				1	2	3	4	5	6	7	8	9	10	11	12	13	14	15	16	17	18	19	20	21	22	23	24	25	26	27	28	29	30	31	
1	市场调研	1																																	
2	调研计划	1.1																																	
3	调研实施	1.2																																	
4	市场分析	1.3																																	
5	初始营销策划	2																																	
6	内部研讨	2.1																																	
7	营销策划	2.2																																	
8	直播初试	3																																	
9	直播运行	3.1																																	
10	初试数据分析	3.2																																	
11	营销策划升级	4																																	
12	内部研讨	4.1																																	
13	营销策划	4.2																																	
14	直播实施	5																																	
15	直播运行	5.1																																	

续表

序号	任务	WBS编号	计划天数	(　　)月																															备注
				1	2	3	4	5	6	7	8	9	10	11	12	13	14	15	16	17	18	19	20	21	22	23	24	25	26	27	28	29	30	31	
16	数据分析	5.2																																	
17	营销报表分析	6																																	
18	项目验收	7																																	

A9　人员招聘总计划(第　　　组)

职位	数量	总成本
业务员		
调研员		
策划师		
研究员		
分析师		
直播员		
会计师		
法律顾问		
联络员		
资料员		
经办人签字：　　　成本人签字：　　　审核人签字：　　　日期：		

A10-1　人员招聘表(第　　组)

职位	工作形式	合同签订时间	工资/(元/月)	招募人数
业务员				
调研员				
策划师				
研究员				
分析师				
直播员				
会计师				
法律顾问				
联络员				
资料员				
经办人签字：	抄送人签字：	审核人签字：	日期：	

A10-2　人员招聘表(第　　组)

职位	工作形式	合同签订时间	工资/(元/月)	招募人数
业务员				
调研员				
策划师				
研究员				
分析师				
直播员				
会计师				
法律顾问				
联络员				
资料员				
经办人签字：	抄送人签字：	审核人签字：	日期：	

A10-3　人员招聘表(第　　组)

职位	工作形式	合同签订时间	工资/(元/月)	招募人数
业务员				
调研员				
策划师				
研究员				
分析师				
直播员				
会计师				
法律顾问				
联络员				
资料员				
经办人签字：	抄送人签字：	审核人签字：	日期：	

A10-4　人员招聘表(第　　组)

职位	工作形式	合同签订时间	工资/(元/月)	招募人数
业务员				
调研员				
策划师				
研究员				
分析师				
直播员				
会计师				
法律顾问				
联络员				
资料员				
经办人签字：	抄送人签字：	审核人签字：	日期：	

A10-5　人员招聘表(第　　组)

职位	工作形式	合同签订时间	工资/(元/月)	招募人数
业务员				
调研员				
策划师				
研究员				
分析师				
直播员				
会计师				
法律顾问				
联络员				
资料员				

经办人签字：　　抄送人签字：　　审核人签字：　　日期：

A10-6　人员招聘表(第　　组)

职位	工作形式	合同签订时间	工资/(元/月)	招募人数
业务员				
调研员				
策划师				
研究员				
分析师				
直播员				
会计师				
法律顾问				
联络员				
资料员				

经办人签字：　　抄送人签字：　　审核人签字：　　日期：

A10-7　人员招聘表(第　　组)

职位	工作形式	合同签订时间	工资/(元/月)	招募人数
业务员				
调研员				
策划师				
研究员				
分析师				
直播员				
会计师				
法律顾问				
联络员				
资料员				
经办人签字：	抄送人签字：	审核人签字：	日期：	

A10-8　人员招聘表(第　　组)

职位	工作形式	合同签订时间	工资/(元/月)	招募人数
业务员				
调研员				
策划师				
研究员				
分析师				
直播员				
会计师				
法律顾问				
联络员				
资料员				
经办人签字：	抄送人签字：	审核人签字：	日期：	

A11-1　工资发放单(第　　组)

职位	工作形式	金额/元
业务员		
调研员		
策划师		
研究员		
分析师		
直播员		
会计师		
法律顾问		
联络员		
资料员		

经办人签字：　　　抄送人签字：　　　审核人签字：　　　日期：

A11-2　工资发放单(第　　组)

职位	工作形式	金额/元
业务员		
调研员		
策划师		
研究员		
分析师		
直播员		
会计师		
法律顾问		
联络员		
资料员		

经办人签字：　　　抄送人签字：　　　审核人签字：　　　日期：

A11-3　工资发放单(第　　组)

职位	工作形式	金额/元
业务员		
调研员		
策划师		
研究员		
分析师		
直播员		
会计师		
法律顾问		
联络员		
资料员		
经办人签字：　　　抄送人签字：	审核人签字：	日期：

A11-4　工资发放单(第　　组)

职位	工作形式	金额/元
业务员		
调研员		
策划师		
研究员		
分析师		
直播员		
会计师		
法律顾问		
联络员		
资料员		
经办人签字：　　　抄送人签字：	审核人签字：	日期：

A11-5　工资发放单(第　　组)

职位	工作形式	金额/元
业务员		
调研员		
策划师		
研究员		
分析师		
直播员		
会计师		
法律顾问		
联络员		
资料员		

经办人签字：　　　　抄送人签字：　　　　审核人签字：　　　　日期：

A11-6　工资发放单(第　　组)

职位	工作形式	金额/元
业务员		
调研员		
策划师		
研究员		
分析师		
直播员		
会计师		
法律顾问		
联络员		
资料员		

经办人签字：　　　　抄送人签字：　　　　审核人签字：　　　　日期：

A11-7　工资发放单（第　　　组）

职位	工作形式	金额/元
业务员		
调研员		
策划师		
研究员		
分析师		
直播员		
会计师		
法律顾问		
联络员		
资料员		

经办人签字：　　　　抄送人签字：　　　　审核人签字：　　　　日期：

A11-8　工资发放单（第　　　组）

职位	工作形式	金额/元
业务员		
调研员		
策划师		
研究员		
分析师		
直播员		
会计师		
法律顾问		
联络员		
资料员		

经办人签字：　　　　抄送人签字：　　　　审核人签字：　　　　日期：

A12　物资采购总计划(第　　　组)

物资名称	规格	采购单价/元	租赁单价/(元/天)	采购总量	金额
耗材	套	200	—		
电脑	台	8000	200		
录音笔	个	1000	50		
投影仪	台	5000	150		
打印机	台	3000	100		
直播室	间	—	2000		

A13-1　物资采购单(第　　组)

物资采购单		日期：　年　　月　　日					
物资名称	规格	采购单价/元	租赁单价/(元/天)	采购方式		采购总量	金额
				购买	租赁		
耗材	套	200	—				
电脑	台	8000	200				
录音笔	个	1000	50				
投影仪	台	5000	150				
打印机	台	3000	100				
直播室	间	—	2000				

A13-2　物资采购单(第　　组)

物资采购单		日期：　年　　月　　日					
物资名称	规格	采购单价/元	租赁单价/(元/天)	采购方式		采购总量	金额
				购买	租赁		
耗材	套	200	—				
电脑	台	8 000	200				
录音笔	个	1 000	50				
投影仪	台	5 000	150				
打印机	台	3 000	100				
直播室	间	—	2 000				

A13-3　物资采购单(第　　组)

物资采购单		日期：　年　　月　　日					
物资名称	规格	采购单价/元	租赁单价/(元/天)	采购方式		采购总量	金额
				购买	租赁		
耗材	套	200	—				
电脑	台	8 000	200				
录音笔	个	1 000	50				
投影仪	台	5 000	150				
打印机	台	3 000	100				
直播室	间	—	2 000				

A13-4　物资采购单(第　　组)

物资采购单			日期：　年　　月　　日				
物资名称	规格	采购单价/元	租赁单价/(元/天)	采购方式		采购总量	金额
				购买	租赁		
耗材	套	200	—				
电脑	台	8 000	200				
录音笔	个	1 000	50				
投影仪	台	5 000	150				
打印机	台	3 000	100				
直播室	间	—	2 000				

A13-5　物资采购单(第　　组)

物资采购单			日期：　年　　月　　日				
物资名称	规格	采购单价/元	租赁单价/(元/天)	采购方式		采购总量	金额
				购买	租赁		
耗材	套	200	—				
电脑	台	8 000	200				
录音笔	个	1 000	50				
投影仪	台	5 000	150				
打印机	台	3 000	100				
直播室	间	—	2 000				

A13-6　物资采购单(第　　组)

物资采购单			日期：　年　　月　　日				
物资名称	规格	采购单价/元	租赁单价/(元/天)	采购方式		采购总量	金额
				购买	租赁		
耗材	套	200	—				
电脑	台	8 000	200				
录音笔	个	1 000	50				
投影仪	台	5 000	150				
打印机	台	3 000	100				
直播室	间	—	2 000				

A13-7　物资采购单(第　　　组)

物资采购单			日期：　　年　　月　　日				
物资名称	规格	采购单价/元	租赁单价/(元/天)	采购方式		采购总量	金额
				购买	租赁		
耗材	套	200	—				
电脑	台	8 000	200				
录音笔	个	1 000	50				
投影仪	台	5 000	150				
打印机	台	3 000	100				
直播室	间	—	2 000				

A13-8　物资采购单(第　　　组)

物资采购单			日期：　　年　　月　　日				
物资名称	规格	采购单价/元	租赁单价/(元/天)	采购方式		采购总量	金额
				购买	租赁		
耗材	套	200	—				
电脑	台	8 000	200				
录音笔	个	1 000	50				
投影仪	台	5 000	150				
打印机	台	3 000	100				
直播室	间	—	2 000				

A14-1　设备维修单(第　　组)

设备维修单			
填表日期：　　年　　月　　日			
设备名称	维修数量	维修起止时间	维修费
经办人签字：	抄送人签字：	审核人签字：	

A14-2　设备维修单(第　　组)

设备维修单			
填表日期：　　年　　月　　日			
设备名称	维修数量	维修起止时间	维修费
经办人签字：	抄送人签字：	审核人签字：	

A14-3　设备维修单(第　　组)

设备维修单			
填表日期：　　年　　月　　日			
设备名称	维修数量	维修起止时间	维修费
经办人签字：	抄送人签字：	审核人签字：	

A14-4　设备维修单(第　　组)

设备维修单			
填表日期：　　年　　月　　日			
设备名称	维修数量	维修起止时间	维修费
经办人签字：	抄送人签字：	审核人签字：	

A14-5　设备维修单(第　　组)

设备维修单			
填表日期：　　年　　月　　日			
设备名称	维修数量	维修起止时间	维修费
经办人签字：	抄送人签字：	审核人签字：	

A14-6　设备维修单(第　　组)

设备维修单			
填表日期：　　年　　月　　日			
设备名称	维修数量	维修起止时间	维修费
经办人签字：	抄送人签字：	审核人签字：	

A14-7　设备维修单(第　　组)

设备维修单			
填表日期：　　年　　月　　日			
设备名称	维修数量	维修起止时间	维修费
经办人签字：	抄送人签字：	审核人签字：	

A14-8　设备维修单(第　　组)

设备维修单			
填表日期：　　年　　月　　日			
设备名称	维修数量	维修起止时间	维修费
经办人签字：	抄送人签字：	审核人签字：	

A15　成本估算表　单位:元(第　　　组)

项目总预算:			本回合初始资金:
固定费用估算:			材料成本估算:
其他费用估算:			人员成本估算:
设备成本估算:			
经办人签字:	抄送人签字:	审核人签字:	

A16　成本计划表(第　　　组)

任务列表	WBS编号	前置任务	工期天数	开始时间	结束时间	人员成本	物资成本	总成本
市场调研	1	—						
调研计划	1.1	—						
调研实施	1.2	1.1						
市场分析	1.3	1.2						
初始营销策划	2	—						
内部研讨	2.1	1.3						
营销策划	2.2	2.1						
直播初试	3	—						
直播运行	3.1	2.2						
初试数据分析	3.2	3.1						
营销策划升级	4	—						
内部研讨	4.1	3.2						
营销策划	4.2	4.1						
直播实施	5	—						
直播运行	5.1	4.2						
数据分析	5.2	4.2						
营销报表分析	6	5.1、5.2						
项目验收	7	6						
经办人签字:		抄送人签字:			审核人签字:			

A17-1　现金流量表　单位:元(第　　组)

现金流出项	流出金额	实际流出时间	现金流入项	流入金额	实际流入时间
本月结算工资			上月结余		
银行利息			合同预付款		
维修费用			银行贷款		
维修费用					
维修费用					
物资购买					
物资购买					
物资购买					

结转:

经办人:　　　　抄送人:　　　　审核人:

A17-2　现金流量表　单位:元(第　　组)

现金流出项	流出金额	实际流出时间	现金流入项	流入金额	实际流入时间
本月结算工资			上月结余		
银行利息			合同预付款		
维修费用			银行贷款		
维修费用					
维修费用					
物资购买					
物资购买					
物资购买					

结转:

经办人:　　　　抄送人:　　　　审核人:

A17-3　现金流量表　单位:元(第　　组)

现金流出项	流出金额	实际流出时间	现金流入项	流入金额	实际流入时间
本月结算工资			上月结余		
银行利息			合同预付款		
维修费用			银行贷款		
维修费用					
维修费用					
物资购买					
物资购买					
物资购买					

结转:

经办人:　　　　抄送人:　　　　审核人:

A17-4　现金流量表　单位:元(第　　组)

现金流出项	流出金额	实际流出时间	现金流入项	流入金额	实际流入时间
本月结算工资			上月结余		
银行利息			合同预付款		
维修费用			银行贷款		
维修费用					
维修费用					
物资购买					
物资购买					
物资购买					

结转:

经办人:　　　　抄送人:　　　　审核人:

A17-5　现金流量表　单位:元(第　　组)

现金流出项	流出金额	实际流出时间	现金流入项	流入金额	实际流入时间
本月结算工资			上月结余		
银行利息			合同预付款		
维修费用			银行贷款		
维修费用					
维修费用					
物资购买					
物资购买					
物资购买					
结转:					
经办人:	抄送人:	审核人:			

A17-6　现金流量表　单位:元(第　　组)

现金流出项	流出金额	实际流出时间	现金流入项	流入金额	实际流入时间
本月结算工资			上月结余		
银行利息			合同预付款		
维修费用			银行贷款		
维修费用					
维修费用					
物资购买					
物资购买					
物资购买					
结转:					
经办人:	抄送人:	审核人:			

A17-7 现金流量表 单位:元(第　　组)

现金流出项	流出金额	实际流出时间	现金流入项	流入金额	实际流入时间
本月结算工资			上月结余		
银行利息			合同预付款		
维修费用			银行贷款		
维修费用					
维修费用					
物资购买					
物资购买					
物资购买					

结转:

经办人:　　　　抄送人:　　　　审核人:

A17-8 现金流量表 单位:元(第　　组)

现金流出项	流出金额	实际流出时间	现金流入项	流入金额	实际流入时间
本月结算工资			上月结余		
银行利息			合同预付款		
维修费用			银行贷款		
维修费用					
维修费用					
物资购买					
物资购买					
物资购买					

结转:

经办人:　　　　抄送人:　　　　审核人:

A18　现金流量总表　单位:元(第　　　组)

现金流出项	流出金额	实际流出时间	现金流入项	流入金额	实际流入时间
银行本金			上月结余		
			甲方支付尾款		
			甲方质保金		
结转:					
经办人:　　　　　抄送人:　　　　　审核人:					

A19-1　存款单/贷款单(第　　组)

银行名称	业务类型（存款/贷款）	业务形式（年利率5%）	金额/元	提交日期	周期

经办人签字：　　　　抄送人签字：　　　　审核人签字：

A19-2　存款单/贷款单(第　　组)

银行名称	业务类型（存款/贷款）	业务形式（年利率5%）	金额/元	提交日期	周期

经办人签字：　　　　抄送人签字：　　　　审核人签字：

A19-3　存款单/贷款单(第　　组)

银行名称	业务类型（存款/贷款）	业务形式（年利率5%）	金额/元	提交日期	周期

经办人签字：　　　　抄送人签字：　　　　审核人签字：

A19-4　存款单/贷款单(第　　组)

银行名称	业务类型（存款/贷款）	业务形式（年利率5%）	金额/元	提交日期	周期

经办人签字：　　　　抄送人签字：　　　审核人签字：

A19-5　存款单/贷款单(第　　组)

银行名称	业务类型（存款/贷款）	业务形式（年利率5%）	金额/元	提交日期	周期

经办人签字：　　　　抄送人签字：　　　审核人签字：

A19-6　存款单/贷款单(第　　组)

银行名称	业务类型（存款/贷款）	业务形式（年利率5%）	金额/元	提交日期	周期

经办人签字：　　　　抄送人签字：　　　审核人签字：

A19-7　存款单/贷款单(第　　　组)

银行名称	业务类型 (存款/贷款)	业务形式 (年利率5%)	金额/元	提交日期	周期

经办人签字：　　　　抄送人签字：　　　　审核人签字：

A19-8　存款单/贷款单(第　　　组)

银行名称	业务类型 (存款/贷款)	业务形式 (年利率5%)	金额/元	提交日期	周期

经办人签字：　　　　抄送人签字：　　　　审核人签字：

A20 工资明细表(第 组)

姓名	工作形式	职位	总计/元

续表

姓名	工作形式	职位	总计/元
经办人签字：	抄送人签字：	审核人签字：	

A21　挣值分析表(第　　组)

任务列表	任务完成度	PV	AC	EV	SV	CV	CPI	SPI
市场调研								
调研计划								
调研实施								
市场分析								
初始营销策划								
内部研讨								
营销策划								
直播初试								
直播运行								
初试数据分析								
营销策划升级								
内部研讨								
营销策划								
直播实施								
直播运行								
数据分析								
营销报表分析								
项目验收								

经办人签字：　　　　抄送人签字：　　　　审核人签字：

A22　风险管理表(第　　　　组)

风险内容	实际损失/元	补救措施	负责人

经办人签字：　　　　　抄送人签字：　　　　　审核人签字：

A23　项目负责人决策日志(第　　　组)

序号	决策项目	决策内容	决策人	提交日期	执行时间	操作（同意/驳回）

续表

序号	决策项目	决策内容	决策人	提交日期	执行时间	操作（同意/驳回）

经办人签字：　　　　抄送人签字：　　　　审核人签字：

项目五　商业危机公关项目管理实验

一、实验目标

在教师指导下完成模拟实验，深入理解商业危机公关项目管理的实践原理；熟练掌握商业危机公关项目管理的基本操作；精通商业危机公关项目管理的关键技术方法；通过实验，培养学生独立进行商业危机公关项目管理模拟的能力。

二、实验要求

（1）掌握商业危机公关项目管理实验操作流程：教师采用分段讲解模式，围绕实验流程展开教学，着重阐释模拟实验操作要点，帮助学生深度理解实验操作步骤，构建清晰操作逻辑。

（2）精通商业危机公关项目启动与计划制定：学生以团队形式开展项目，由项目经理分配角色、明确成员职责，推进商业危机公关项目投标及启动工作。团队成员协同完成项目审视、需求分析，结合团队资金与项目启动资金要求，选定投标项目。之后，有序落实商业危机公关项目计划阶段各项任务，确保项目筹备充分。

（3）实现商业危机公关项目执行：计划制定后，进入执行阶段。该阶段包括人员招聘、资源采购、资金筹集等环节。各任务负责人依据项目计划推进工作，保持实时沟通，提前识别并防范潜在风险，保障项目执行顺畅。

（4）执行商业危机公关项目进度监控：借助项目甘特图，动态跟踪任务进度。运用挣值管理方法，分析任务进度偏差、成本偏差，计算进度绩效与成本绩效，为项目计划调整提供数据支撑与决策参考。

（5）实施商业危机公关项目风险监控：针对已显现风险，快速执行应对策略，及时控制风险蔓延，保障企业咨询项目顺利推进。风险主要包含系统预警风险与决策失误触发风险，项目执行中需实时监测，团队成员同步沟通、确认应对策略，高效管控风险。

（6）总结与分析商业危机公关项目管理：项目结束后，团队对比计划与实际执行情况，深入剖析风险成因、评估应对措施有效性，总结项目成功或失败关键因素，沉淀经验，为后续项目决策与管理优化赋能。同时，教师开展小组打分评价，围绕学生操作问题组织讨论，完成实验分析总结。

三、实验步骤

（1）教师讲解项目经理决策流程，阐释各职能角色在决策链路中的作用及推进逻辑，发布项目案例，对商业危机公关项目展开介绍，让学生明晰项目背景与核心任务。

（2）教师深入讲解商业危机公关项目招投标流程，指导学生实操项目投标环节，且详细说明项目合同生成全流程，强化学生对项目商务环节的认知。

（3）教师讲解任务关系设定方法，引导学生开展项目工作分解结构实操，帮助学生掌握项目任务拆解与梳理技能。

（4）教师传授任务工期估算方法，组织学生研讨并实操项目工期估算，提升学生工期规划能力。

（5）教师介绍项目计划评审技术方法，布置课后作业，要求学生熟练掌握时间参数计算方法。

（6）教师详细讲解项目时间参数计算方法，安排学生实操时间参数计算，实现理论与实践衔接。

（7）教师讲解项目计划进度设定要点，指导学生实操项目计划进度设置，强化进度规划实操能力。

（8）教师讲解招募计划制定逻辑，组织学生研讨并实操人员招募计划设置，提升人员配置规划水平。

（9）教师讲解人员招募具体流程，引导学生研讨并实操人员招募，让学生熟悉人员招聘全流程。

（10）教师讲解采购计划制定方法，组织学生研讨并实操采购计划设置，强化采购规划实操技能。

（11）教师讲解采购入库流程，安排学生研讨并实操采购入库，让学生掌握物资采购入库操作要点。

（12）教师讲解成本估算方法，组织学生交流研讨并实操成本估算方法，提升成本管控规划能力。

（13）教师讲解存款/贷款管理要点，引导学生交流研讨并实操存款/贷款业务，强化资金管理实操认知。

（14）教师讲解风险识别与管理策略，组织学生交流研讨并实操风险控制，提升风险应对实操水平。

（15）学生参与项目运行实操，各职能角色履职尽责，紧盯项目动态。例如，人力资源管理负责人统筹人员分配、采购负责人落实资源分配、风险控制负责人开展风险防控、项目经理把控项目暂停与启动等关键节点。

(16)学生项目运行期间,项目进度负责人动态调整项目进度,成本负责人精准填报挣值数据,保障项目数据跟踪与进度成本管控。

(17)项目管理模拟收尾阶段,教师实施综合点评与总结。

四、商业危机公关项目管理实验情境

贵族饮品股份有限公司是一家致力于饮品生产与销售的企业。近年来,由于公司外部经营环境的改变及内部管理的疏漏,面临商业危机,并引起了网络舆论的广泛关注。为解决此商业危机,缓解网络舆论,恢复公司声誉,公司股东大会决定聘请专业的网络舆情应急管理机构,以应对此次危机。

项目名称:贵族饮品股份有限公司商业危机公关项目;

项目地点:杭州市人民大道3号;

项目交付时间:自合同签订之日起60天内;

项目预算上限:不超过50万元;

项目内容:旨在解决商业危机,平息网络舆论。

五、商业危机公关项目管理实验规则

(一)打分规则

综合实践成绩由以下几个部分构成:模拟实验成绩占40%,小组汇报总结占20%,个人总结(实验报告)占20%,考勤占10%,实训态度占10%。其中,模拟实验成绩由以下几个部分构成:投标书及合同填写与报价占20%,商务展示占20%,工期履约占30%,最终利润占30%,并根据违规操作情况进行扣分,具体评定标准如下。

(1)投标书及合同填写与报价:投标书及合同填写需完整且符合规范,满分100分。

(2)商务展示:投标人应根据招标文件要求,对项目设计方案进行现场演示讲解,并围绕以下3个维度进行评分:

A. 执行情况说明(50分):包括整体规划布局、分板块介绍、产品与服务演示等)。

B. 售后服务方案说明(25分):考查其完善性、合理性及有效性。

C. 履约能力及信誉说明(25分):考查其完善性、合理性及有效性。

(3)工期履约:初始分值为100分,根据小组合同工期,提前1天交付可增加0.5分,加分上限为20分;逾期1天交付则扣减0.5分,扣分上限为20分。

(4)最终利润:根据利润高低进行排名,利润最高者为100分,依次递减,第六名及之后为70分。

(5)违规扣分:在填写各项表单过程中,如有涂改,每次扣减0.5分;提交资料必须完整,每缺少1份资料扣减0.5分;不按规则操作每次扣减1分(所有扣分均在总分基础上进行)。

(二)运行规则

1. 进度管理规则

学生在完成WBS编号表的填写与确认后,严格遵循既定工序执行,不得在工序出现错误的情况下推进项目。在制定项目进度计划时,学生必须依照任务工期估计表(A6)及时间参数计算表(A7)的步骤开展。

2. 风险处置规则

项目启动时间由教师确定,时间流启动后,进度控制人员需在计算机上执行实际进度控制。一旦触发风险点,要立即通知项目经理,并暂停项目进度,直至风险事件处理完毕后,方可恢复实际进度控制。例如,若发生人员离职这一系统风险,时间流将暂停,学生需在10分钟内处理完风险事件,处理完毕后时间流将重新启动,项目实际进度至少会落后计划进度2天。此后,后续工序至少需延期2天,但可采取补救措施,加快进度以弥补损失的时间,保障后续计划进度与实际进度一致。

若发生系统风险,时间流暂停,学生10分钟内处理完毕风险事件,人员或物资的延期时间即为项目实际进度的滞后时间,处理完毕后时间流将重启。若为个性风险,仅影响个别小组,时间流不停,仅该小组的时间与时间流发生偏离,偏离的时间加上人员或物资的延期时间即为项目实际进度的滞后时间。若为内生性风险,个别小组因操作失误导致风险,时间流不停止,该小组的时间与时间流发生偏离,偏离的时间加人员或物资的延期时间,作为项目实际进度的滞后时间。

3. 采购管理规则

所有物资,无论是购买还是租赁,均需2天的送货期。购买物资的送货期间不产生费用,而租赁物资的送货期间则会产生费用。采购负责人须填写采购单(A13/A14),经项目经理审批并由助教确认后,方可继续项目进度。取得单据后需通知项目助理记录,并由成本负责人核算成本。组内各成员均需了解此流程。在项目执行期间，设备可能发生损坏，需自行维修，维修将产生费用，维修费用为设备价格的20%，且设备维修期间需停工2天，设备修复后方可重新投入使用。采购阶段，采购负责人须填写设备维修单（A14），经项目经理审批并由助教确认后，方可继续项目进度。取得单据后需通知项目助理记录，成本负责人核算成本。组内各成员均需了解此流程。

各组同质、明码标价，命名为“物资或设备+A/B/C/D”等。

4. 人力资源管理规则

人员包括正式员工和临时工，两者工资标准不同，发放方式亦不同（正式员工为月工资，临时工为日工资），命名为“职位+A/B/C/D”等。所有人员招聘与物资一样，均有2天到岗期，正式员工在到岗期间不产生费用，临时工到岗期计入合同期内，因此临时工到岗期也会产生费用。在项目中，人员招聘必须严格按照1:1的比例进行，若需缩短工期，也需按照同等比例招聘相应倍数的人员，并配备相同比例的物资，若缩短工期后为3.5天，超出整数部分按1天计算，即算作4天。不得随意解雇员工。合同期生效后，不得违反合同或提前解雇员工，员工离职无须支付违约金。招聘时，人力资源管理负责人需填写人员招聘表（A10），经项目经理审批并由助教确认后，方可继续项目进度。取得单据后需通知项目助理记录、成本负责人核算成本。组内各成员均需了解此流程。

每月15日结算工资，正式员工与临时工合同自招聘日起算，若在第一个月15日时未到合同期结束，则该员工延期至第二个月结算，人力资源管理负责人需填写工资发放单（A11），经项目经理审批并由助教确认后，方可继续项目进度。取得单据后须通知项目助理记录、成本负责人核算成本。组内各成员均需了解此流程。

5. 成本管理规则

成本负责人在项目开始时需填写成本估算表（A15）和成本计划表（A16）。在运行过程中，月底根据收入与支出填写现金流量表（A17），采用收付实现制。运行中如需贷款，需填写存款单/贷款单（A19），经助教确认后，方可继续项目进度。取得单据后需通知项目助理记录、成本负责人核算成本。组内各成员均需了解此流程。贷款利率统一按照年利率5%计算，利息按月结算，本金在项目结束后支付。贷款在申请后2天到款。项目结束时，需填写工资明细表（A20）和挣值分析表（A21）。

6. 管理人员规则

在项目实施过程中，项目经理和风险控制人须分别填写风险管理表（A22）和项目负责人决策日志（A23）。

(三)注意事项

1. 时间流规则

每日工作时长限定为8小时,系统仅记录实际工作时间。时间流的计算方式为每3分钟等同于1个系统日。教师有权依据实际情况暂停时间流,而学生则不具备自行控制时间流逝的权限。

2. 风险分类与处置

风险可划分为系统性风险、个别风险及内生性风险三类。当系统性风险发生时,所有公司均会受到影响。若公司在风险发生时未涉及相关风险内容,则可避免该风险。个别风险仅针对特定群体,由教师通过系统随机规则或指定的抽签规则来决定风险的发生。内生性风险源于学生操作不当,如表单填写不及时、资金链断裂等。所有风险的最终解释权归教师所有。

3. 助教系统规则

项目设立系统助教岗位,可由1人或多人担任。项目运营期间,学生分组所担任的6大职位均需填写各类表格,并经同一名助教确认。未经助教签字或盖章确认的表格将被视为无效。签字不得提前或延后进行,若需补签,则助教必须在单据上做出特别说明并进行相应登记(表单不得使用铅笔或可擦除的笔填写,填写后的表单不得进行修改或涂改,否则表单作废,助教不予签字)。助教须统计各小组的基本信息,实时监控各小组状态,确认学生是否违规,并协助教师监督和设置风险。

4. 资料管理规则

学生在项目期间所填写的表单应妥善保管,不得遗失。若遗失,系统结算会相应扣分。

5. 工期压缩规则

各组可结合项目计划工期,通过成本核算和成倍增加资源配置来压缩工期,但压缩后的工期不得短于原计划工期。例如,若某工期为10天,需要人员A工作8天,人员B工作2天,若因风险发生导致工期延误10天,则需扩招人员A、人员B各1人,以此实现压缩工期至10天的目标。若工期延误8天,则仍须扩招人员A、人员B各1人,以达成压缩工期至10天的目标。若工期延误12天,则扩招人员A、人员B各1人,可实现压缩工期至10天,实际工期为12天。

六、实验表单

A1　项目基础资料

(一)标的介绍

贵族饮品股份有限公司是一家致力于饮品生产与销售的公司。近年来,由于公司外部经营环境的改变及内部管理上的疏漏,遭遇商业危机,进而引发了网络舆情事件。为化解这一商业危机,缓和网络舆情,以及恢复公司声誉,公司股东大会决定聘请专业的网络舆情应急管理公司,以应对当前的危机状况。

项目名称:贵族饮品股份有限公司商业危机公关项目;

项目地点:杭州市人民大道3号;

项目交付时间:自合同签订之日起60天内;

项目预算上限:不超过50万元;

项目内容:目标在于解决商业危机,平息网络舆情。

(二)任务简介

任务列表	简介(对应岗位)
市场调研 (调研计划、调研实施、市场分析)	业务员、调研员、分析师
初始营销策划 (内部研讨、营销策划)	研究员、分析师、策划师
直播初试 (直播运行、初试数据分析)	直播员、联络员、策划师、分析师、资料员
营销策划升级 (内部研讨、营销策划)	研究员、分析师、策划师
直播实施 (直播运行、数据分析)	直播员、联络员、策划师、分析师、资料员
营销报表分析	分析师、会计师、资料员
项目验收	法律顾问、资料员、策划师

(三)所需人员及物资

任务列表	人员需求	工作量/工时	物资需求	需求量
项目准备阶段			耗材	10套
确定需求与目标	业务员	24	电脑	1台

续表

任务列表	人员需求	工作量/工时	物资需求	需求量
危机背景调查	调研员	40	录音笔	1支
	分析师	80	电脑	1台
确定处置方案	策划师	80	电脑	1台
危机公关初试			耗材	5套
数据收集	信息员	80	数据分析软件	1套
	协调员	80	电脑	1台
	情报员	80	舆情监测系统	1套
信息发布	分析师	80	电脑	1台
	研究员	80	电脑	1台
	信息员	80	数据分析软件	1套
	法律顾问	80	电脑	1台
处置方案升级			耗材	5套
成果对比与反馈	分析师	40	电脑	1台
	研究员	40	电脑	1台
处置方案升级编制与提交	策划师	40	电脑	1台
	法律顾问	40	电脑	1台
	研究员	40	电脑	1台
危机公关再试			耗材	5套
数据收集	信息员	80	数据分析软件	1套
	协调员	80	电脑	1台
	情报员	80	舆情监测系统	1套
信息发布	分析师	80	电脑	1台
	研究员	80	电脑	1台
	信息员	80	数据分析软件	1套
	法律顾问	80	电脑	1台
风险管控阶段			耗材	5套
风险识别与评估	分析师	40	电脑	1台
风险应对措施制定	研究员	40	电脑	1台
风险报告与沟通	法律顾问	40	电脑	1台
	研究员	40	电脑	1台
项目验收			耗材	10套
	法律顾问	24	打印机	1台

续表

任务列表	人员需求	工作量/工时	物资需求	需求量
项目验收	资料员	24	电脑	1台
	策划师	24	投影仪	1台
	信息员	24	电脑	1台
	协调员	24	电脑	1台
	情报员	24	电脑	1台

(四)工资水平

职位	正式员工工资/(元/月)	临时工工资/(元/天)
业务员	8 050	400
调研员	10 000	500
分析师	15 000	600
策划师	15 000	600
信息员	15 000	600
协调员	10 000	500
情报员	20 000	1 000
研究员	20 000	1 000
法律顾问	8 000	400
资料员	8 000	400

(五)物资价格

物资名称	规格	采购单价/元	租赁单价/(元/天)
耗材	套	200	—
电脑	台	8 000	200
录音笔	个	1 000	50
投影仪	台	5 000	150
打印机	台	3 000	100
数据分析软件	套	20 000	2 000
舆情监测系统	套	50 000	5 000

A2　项目投标书(第　　组)

项目投标书(简易版)

项目由______________________公司投标

致:尊敬的___________________公司

(1)我方已仔细研读《管理咨询项目需求建议书》(简称招标书),现提交本项目投标文件。我方承诺严格依照招标文件规定,遵守所有条款,全面承担项目运作工作。

(2)我方认可,在项目概况文件约定的投标书有效期内,严格执行本投标书及全部投标文件,受其约束,随时配合贵方接收流程。

(3)若贵方接纳我方投标,我方保证按招标文件规定日期启动管理咨询工作,依项目范围,于______日前完成全部工作并通过验收。

(4)若业主接收我方投标书并签订合同,本投标书及贵方接收的全部投标文件,将作为合同文件组成部分,在项目实施至售后服务期内,兑现投标文件所有承诺。

一、标的描述

贵族饮品股份有限公司是一家从事饮品生产与销售的企业。近年来,公司外部经营环境的变化,以及公司内部治理的失误,导致公司面临商业危机,并引发网络舆情事件。为消解商业危机,平复网络舆情,挽救公司声誉,公司股东大会决定聘请专业网络舆情应急管理公司,进行危机处置。

项目名称:贵族饮品股份有限公司商业危机公关项目;

项目地点:杭州市人民大道3号;

项目交付时间:签订合同60天以内;

项目全包资金:不超过50万元;

项目内容:解决商业危机,平复网络舆情。

二、投标方介绍

(一)公司名称:___________________

(二)注册资金:___________________

(三)法人代表:___________________

(四)主营业务:___________________

(五)办公地址:___________________

（六）联系方式：____________________

三、承包方式

管理咨询项目将采用包造价(除甲供材料、设备和设施外）模式，我方全面承担责任。

四、质量标准

遵循公司服务质量体系文件执行。

五、管理措施

（1）本项目实行项目运营负责制，由项目经理全面负责各项职能，因此项目经理为项目咨询管理的第一责任人。

（2）建立和完善以项目经理为核心的信息安全管理体系，组织开展管理咨询活动。

（3）由项目经理建立各级人员服务责任制度，明确各级人员的服务职责，抓好制度落实和责任落实，定期检查服务责任落实情况，及时报告相关问题。

（4）建立和完善管理咨询人员持证上岗及相关操作规章制度。

（5）检查管理咨询责任落实情况时，必须有详细的记录。

（6）根据公司管理咨询作业标准及操作程序，强化员工的工作意识。

（7）严禁无证上岗和岗位串岗作业。

（8）针对严格执行劳动纪律、遵守操作与安全规程，制定相应的管理措施。

（9）每天上班前，召开班前交底会，由班组长布置当天的服务任务、操作要求及注意事项。

六、项目报价

该项目我方给出的全包价格为__________元人民币。

七、项目工期

该项目我方给出的项目工期为__________天。

制定人及签章：

日　　期：__________

A3　项目合同(第　　　组)

项目合同(简易版)

合同签订后即启动项目,项目双方应按照合同要求执行。

签订日期:______年______月______日;

乙方承诺按照甲方要求工期如期完工,最晚______年______月______日竣工(项目工期为:______天)。乙方须制定具体实施进度计划,确保在合同期限内完成,配合项目最终验收。如因特殊原因导致工期延误,延误工期由双方协商处理。

项目执行中,甲方有权监督、检查项目进度与质量;甲方须按合同约定支付款项,也有义务配合乙方,提供项目相关信息与资料。

乙方须按甲方有关项目管理要求,定期如实汇报进展情况;经甲方认定不符合合同要求的工作,乙方须返工或整改,由此产生的经济损失由乙方承担。

本项目合同总金额为人民币______元整。

自合同生效后,甲方支付合同总金额20%,为人民币______元整;

项目完成后,甲方支付合同总金额80%,为人民币______元整;

质保金为合同总金额20%,为人民币______元整,项目验收合格且运行期满个月后,由甲方一次性付清。

甲　　方:______________________　乙　　方:______________________

签订日期:______________________　签订日期:______________________

A4　WBS样表(第　　组)

任务列表	WBS编号
项目准备阶段	
确定需求与目标	
危机背景调查	
确定处置方案	
危机公关初试	
数据收集	
信息发布	
处置方案升级	
成果对比与反馈	
处置方案升级编制与提交	
危机公关再试	
数据收集	
信息发布	
风险管控阶段	
风险识别与评估	
风险应对措施制定	
风险报告与沟通	
项目验收	

注:学生结合学习内容填写。

A5　标准的WBS编号表

任务列表	WBS编号
项目准备阶段	1
确定需求与目标	1.1
危机背景调查	1.2
确定处置方案	1.3
危机公关初试	2
数据收集	2.1
信息发布	2.2
处置方案升级	3
成果对比与反馈	3.1
处置方案升级编制与提交	3.2
危机公关再试	4
数据收集	4.1
信息发布	4.2
风险管控阶段	5
风险识别与评估	5.1
风险应对措施制定	5.2
风险报告与沟通	5.3
项目验收	6

A6　任务工期估计表(第　　　组)

任务列表	WBS编号	前置任务	乐观时间	最可能时间	悲观时间	期望工期
项目准备阶段	1	—				
确定需求与目标	1.1	—				
危机背景调查	1.2	1.1				
确定处置方案	1.3	1.2				
危机公关初试	2	—				
数据收集	2.1	1.3				
信息发布	2.2	2.1				
处置方案升级	3	—				
成果对比与反馈	3.1	2.2				
处置方案升级编制与提交	3.2	3.1				
危机公关再试	4	—				
数据收集	4.1	3.2				
信息发布	4.2	4.1				
风险管控阶段	5	—				
风险识别与评估	5.1	4.2				
风险应对措施制定	5.2	5.1				
风险报告与沟通	5.3	5.2				
项目验收	6	5.3				

经办人：　　　　　抄送人：　　　　　审核人：

A7　时间参数计算(第　　　组)

任务列表	WBS编号	前置任务	ES	EF	LS	LF	期望工期
项目准备阶段	1	—					
确定需求与目标	1.1	—					
危机背景调查	1.2	1.1					
确定处置方案	1.3	1.2					
危机公关初试	2	—					
数据收集	2.1	1.3					
信息发布	2.2	2.1					
处置方案升级	3	—					
成果对比与反馈	3.1	2.2					
处置方案升级编制与提交	3.2	3.1					
危机公关再试	4	—					
数据收集	4.1	3.2					
信息发布	4.2	4.1					
风险管控阶段	5	—					
风险识别与评估	5.1	4.2					
风险应对措施制定	5.2	5.1					
风险报告与沟通	5.3	5.2					
项目验收	6	5.3					

经办人：　　　　抄送人：　　　　审核人：

A8-1　项目进度计划(第　　　组)

任务列表	WBS编号	前置任务	ES	EF	LS	LF	期望工期	开始时间	结束时间
项目准备阶段	1	—							
确定需求与目标	1.1	—							
危机背景调查	1.2	1.1							
确定处置方案	1.3	1.2							
危机公关初试	2	—							
数据收集	2.1	1.3							
信息发布	2.2	2.1							
处置方案升级	3	—							
成果对比与反馈	3.1	2.2							
处置方案升级编制与提交	3.2	3.1							
危机公关再试	4	—							
数据收集	4.1	3.2							
信息发布	4.2	4.1							
风险管控阶段	5	—							
风险识别与评估	5.1	4.2							
风险应对措施制定	5.2	5.1							
风险报告与沟通	5.3	5.2							
项目验收	6	5.3							

经办人：　　　　抄送人：　　　　审核人：

A8-2　甘特图

项目名称：__________　进度控制：__________　项目经理__________　工期：__________

序号	任务	WBS编号	计划天数	(　　)月																															备注
				1	2	3	4	5	6	7	8	9	10	11	12	13	14	15	16	17	18	19	20	21	22	23	24	25	26	27	28	29	30	31	
1	项目准备阶段	1																																	
2	确定需求与目标	1.1																																	
3	危机背景调查	1.2																																	
4	确定处置方案	1.3																																	
5	危机公关初试	2																																	
6	数据收集	2.1																																	
7	信息发布	2.2																																	
8	处置方案升级	3																																	
9	成果对比与反馈	3.1																																	

续表

序号	任务	WBS编号	计划天数	(　　)月																															备注
				1	2	3	4	5	6	7	8	9	10	11	12	13	14	15	16	17	18	19	20	21	22	23	24	25	26	27	28	29	30	31	
10	处置方案升级编制与提交	3.2																																	
11	危机公关再试	4																																	
12	数据收集	4.1																																	
13	信息发布	4.2																																	
14	风险管控阶段	5																																	
15	风险识别与评估	5.1																																	
16	风险应对措施制定	5.2																																	
17	风险报告与沟通	5.3																																	
18	项目验收	6																																	

A8-3　甘特图

项目名称：__________　进度控制：__________　项目经理__________　工期：__________

序号	任务	WBS编号	计划天数	（　　）月																															备注
				1	2	3	4	5	6	7	8	9	10	11	12	13	14	15	16	17	18	19	20	21	22	23	24	25	26	27	28	29	30	31	
1	项目准备阶段	1																																	
2	确定需求与目标	1.1																																	
3	危机背景调查	1.2																																	
4	确定处置方案	1.3																																	
5	危机公关初试	2																																	
6	数据收集	2.1																																	
7	信息发布	2.2																																	
8	处置方案升级	3																																	
9	成果对比与反馈	3.1																																	

续表

序号	任务	WBS编号	计划天数	(　　)月																															备注
				1	2	3	4	5	6	7	8	9	10	11	12	13	14	15	16	17	18	19	20	21	22	23	24	25	26	27	28	29	30	31	
10	处置方案升级编制与提交	3.2																																	
11	危机公关再试	4																																	
12	数据收集	4.1																																	
13	信息发布	4.2																																	
14	风险管控阶段	5																																	
15	风险识别与评估	5.1																																	
16	风险应对措施制定	5.2																																	
17	风险报告与沟通	5.3																																	
18	项目验收	6																																	

A8-4　甘特图

项目名称：＿＿＿＿　进度控制：＿＿＿＿　项目经理＿＿＿＿　工期：＿＿＿＿

序号	任务	WBS编号	计划天数	(　　)月																															备注
				1	2	3	4	5	6	7	8	9	10	11	12	13	14	15	16	17	18	19	20	21	22	23	24	25	26	27	28	29	30	31	
1	项目准备阶段	1																																	
2	确定需求与目标	1.1																																	
3	危机背景调查	1.2																																	
4	确定处置方案	1.3																																	
5	危机公关初试	2																																	
6	数据收集	2.1																																	
7	信息发布	2.2																																	
8	处置方案升级	3																																	
9	成果对比与反馈	3.1																																	

续表

序号	任务	WBS 编号	计划天数	(　　)月																															备注
				1	2	3	4	5	6	7	8	9	10	11	12	13	14	15	16	17	18	19	20	21	22	23	24	25	26	27	28	29	30	31	
10	处置方案升级编制与提交	3.2																																	
11	危机公关再试	4																																	
12	数据收集	4.1																																	
13	信息发布	4.2																																	
14	风险管控阶段	5																																	
15	风险识别与评估	5.1																																	
16	风险应对措施制定	5.2																																	
17	风险报告与沟通	5.3																																	
18	项目验收	6																																	

A8-5　甘特图

项目名称：__________　进度控制：__________　项目经理__________　工期：__________

序号	任务	WBS编号	计划天数	(　　)月																															备注
				1	2	3	4	5	6	7	8	9	10	11	12	13	14	15	16	17	18	19	20	21	22	23	24	25	26	27	28	29	30	31	
1	项目准备阶段	1																																	
2	确定需求与目标	1.1																																	
3	危机背景调查	1.2																																	
4	确定处置方案	1.3																																	
5	危机公关初试	2																																	
6	数据收集	2.1																																	
7	信息发布	2.2																																	
8	处置方案升级	3																																	
9	成果对比与反馈	3.1																																	

续表

序号	任务	WBS编号	计划天数	（　　）月																															备注
				1	2	3	4	5	6	7	8	9	10	11	12	13	14	15	16	17	18	19	20	21	22	23	24	25	26	27	28	29	30	31	
10	处置方案升级编制与提交	3.2																																	
11	危机公关再试	4																																	
12	数据收集	4.1																																	
13	信息发布	4.2																																	
14	风险管控阶段	5																																	
15	风险识别与评估	5.1																																	
16	风险应对措施制定	5.2																																	
17	风险报告与沟通	5.3																																	
18	项目验收	6																																	

A8-6 甘特图

项目名称：__________ 进度控制：__________ 项目经理__________ 工期：__________

序号	任务	WBS编号	计划天数	( )月																															备注
				1	2	3	4	5	6	7	8	9	10	11	12	13	14	15	16	17	18	19	20	21	22	23	24	25	26	27	28	29	30	31	
1	项目准备阶段	1																																	
2	确定需求与目标	1.1																																	
3	危机背景调查	1.2																																	
4	确定处置方案	1.3																																	
5	危机公关初试	2																																	
6	数据收集	2.1																																	
7	信息发布	2.2																																	
8	处置方案升级	3																																	
9	成果对比与反馈	3.1																																	

续表

序号	任务	WBS编号	计划天数	( )月																															备注
				1	2	3	4	5	6	7	8	9	10	11	12	13	14	15	16	17	18	19	20	21	22	23	24	25	26	27	28	29	30	31	
10	处置方案升级编制与提交	3.2																																	
11	危机公关再试	4																																	
12	数据收集	4.1																																	
13	信息发布	4.2																																	
14	风险管控阶段	5																																	
15	风险识别与评估	5.1																																	
16	风险应对措施制定	5.2																																	
17	风险报告与沟通	5.3																																	
18	项目验收	6																																	

A8-7　甘特图

项目名称：__________　进度控制：__________　项目经理__________　工期：__________

序号	任务	WBS编号	计划天数	(　　)月																															备注
				1	2	3	4	5	6	7	8	9	10	11	12	13	14	15	16	17	18	19	20	21	22	23	24	25	26	27	28	29	30	31	
1	项目准备阶段	1																																	
2	确定需求与目标	1.1																																	
3	危机背景调查	1.2																																	
4	确定处置方案	1.3																																	
5	危机公关初试	2																																	
6	数据收集	2.1																																	
7	信息发布	2.2																																	
8	处置方案升级	3																																	
9	成果对比与反馈	3.1																																	

续表

序号	任务	WBS编号	计划天数	(　　)月																															备注
				1	2	3	4	5	6	7	8	9	10	11	12	13	14	15	16	17	18	19	20	21	22	23	24	25	26	27	28	29	30	31	
10	处置方案升级编制与提交	3.2																																	
11	危机公关再试	4																																	
12	数据收集	4.1																																	
13	信息发布	4.2																																	
14	风险管控阶段	5																																	
15	风险识别与评估	5.1																																	
16	风险应对措施制定	5.2																																	
17	风险报告与沟通	5.3																																	
18	项目验收	6																																	

A8-8　甘特图

项目名称：__________　进度控制：__________　项目经理__________　工期：__________

序号	任务	WBS编号	计划天数	( )月																															备注
				1	2	3	4	5	6	7	8	9	10	11	12	13	14	15	16	17	18	19	20	21	22	23	24	25	26	27	28	29	30	31	
1	项目准备阶段	1																																	
2	确定需求与目标	1.1																																	
3	危机背景调查	1.2																																	
4	确定处置方案	1.3																																	
5	危机公关初试	2																																	
6	数据收集	2.1																																	
7	信息发布	2.2																																	
8	处置方案升级	3																																	
9	成果对比与反馈	3.1																																	

续表

序号	任务	WBS编号	计划天数	(　　)月																															备注
				1	2	3	4	5	6	7	8	9	10	11	12	13	14	15	16	17	18	19	20	21	22	23	24	25	26	27	28	29	30	31	
10	处置方案升级编制与提交	3.2																																	
11	危机公关再试	4																																	
12	数据收集	4.1																																	
13	信息发布	4.2																																	
14	风险管控阶段	5																																	
15	风险识别与评估	5.1																																	
16	风险应对措施制定	5.2																																	
17	风险报告与沟通	5.3																																	
18	项目验收	6																																	

A8-9　甘特图

项目名称：__________　进度控制：__________　项目经理__________　工期：__________

序号	任务	WBS编号	计划天数	(　　)月																															备注
				1	2	3	4	5	6	7	8	9	10	11	12	13	14	15	16	17	18	19	20	21	22	23	24	25	26	27	28	29	30	31	
1	项目准备阶段	1																																	
2	确定需求与目标	1.1																																	
3	危机背景调查	1.2																																	
4	确定处置方案	1.3																																	
5	危机公关初试	2																																	
6	数据收集	2.1																																	
7	信息发布	2.2																																	
8	处置方案升级	3																																	
9	成果对比与反馈	3.1																																	

续表

序号	任务	WBS编号	计划天数	(　　)月																															备注
				1	2	3	4	5	6	7	8	9	10	11	12	13	14	15	16	17	18	19	20	21	22	23	24	25	26	27	28	29	30	31	
10	处置方案升级编制与提交	3.2																																	
11	危机公关再试	4																																	
12	数据收集	4.1																																	
13	信息发布	4.2																																	
14	风险管控阶段	5																																	
15	风险识别与评估	5.1																																	
16	风险应对措施制定	5.2																																	
17	风险报告与沟通	5.3																																	
18	项目验收	6																																	

A8-10　甘特图

项目名称：＿＿＿＿＿　进度控制：＿＿＿＿＿　项目经理＿＿＿＿＿　工期：＿＿＿＿＿

序号	任务	WBS编号	计划天数	（　　）月																															备注
				1	2	3	4	5	6	7	8	9	10	11	12	13	14	15	16	17	18	19	20	21	22	23	24	25	26	27	28	29	30	31	
1	项目准备阶段	1																																	
2	确定需求与目标	1.1																																	
3	危机背景调查	1.2																																	
4	确定处置方案	1.3																																	
5	危机公关初试	2																																	
6	数据收集	2.1																																	
7	信息发布	2.2																																	
8	处置方案升级	3																																	
9	成果对比与反馈	3.1																																	

续表

序号	任务	WBS编号	计划天数	(　　)月																															备注
				1	2	3	4	5	6	7	8	9	10	11	12	13	14	15	16	17	18	19	20	21	22	23	24	25	26	27	28	29	30	31	
10	处置方案升级编制与提交	3.2																																	
11	危机公关再试	4																																	
12	数据收集	4.1																																	
13	信息发布	4.2																																	
14	风险管控阶段	5																																	
15	风险识别与评估	5.1																																	
16	风险应对措施制定	5.2																																	
17	风险报告与沟通	5.3																																	
18	项目验收	6																																	

A8-11　甘特图

项目名称：__________　进度控制：__________　项目经理__________　工期：__________

序号	任务	WBS编号	计划天数	(　　)月																															备注
				1	2	3	4	5	6	7	8	9	10	11	12	13	14	15	16	17	18	19	20	21	22	23	24	25	26	27	28	29	30	31	
1	项目准备阶段	1																																	
2	确定需求与目标	1.1																																	
3	危机背景调查	1.2																																	
4	确定处置方案	1.3																																	
5	危机公关初试	2																																	
6	数据收集	2.1																																	
7	信息发布	2.2																																	
8	处置方案升级	3																																	
9	成果对比与反馈	3.1																																	

续表

序号	任务	WBS编号	计划天数	(　　)月																															备注
				1	2	3	4	5	6	7	8	9	10	11	12	13	14	15	16	17	18	19	20	21	22	23	24	25	26	27	28	29	30	31	
10	处置方案升级编制与提交	3.2																																	
11	危机公关再试	4																																	
12	数据收集	4.1																																	
13	信息发布	4.2																																	
14	风险管控阶段	5																																	
15	风险识别与评估	5.1																																	
16	风险应对措施制定	5.2																																	
17	风险报告与沟通	5.3																																	
18	项目验收	6																																	

A9　人员招聘总计划(第　　　组)

职位	数量	总成本
业务员		
调研员		
分析师		
策划师		
信息员		
协调员		
情报员		
研究员		
法律顾问		
资料员		

经办人签字：　　　　成本人签字：　　　　审核人签字：　　　　日期：

A10-1 人员招聘表(第 组)

职位	工作形式	合同签订时间	工资/(元/月)	招募人数
业务员				
调研员				
分析师				
策划师				
信息员				
协调员				
情报员				
研究员				
法律顾问				
资料员				
经办人签字：	抄送人签字：	审核人签字：	日期：	

A10-2 人员招聘表(第 组)

职位	工作形式	合同签订时间	工资/(元/月)	招募人数
业务员				
调研员				
分析师				
策划师				
信息员				
协调员				
情报员				
研究员				
法律顾问				
资料员				
经办人签字：	抄送人签字：	审核人签字：	日期：	

A10-3　人员招聘表(第　　组)

职位	工作形式	合同签订时间	工资/(元/月)	招募人数
业务员				
调研员				
分析师				
策划师				
信息员				
协调员				
情报员				
研究员				
法律顾问				
资料员				
经办人签字：	抄送人签字：	审核人签字：	日期：	

A10-4　人员招聘表(第　　组)

职位	工作形式	合同签订时间	工资/(元/月)	招募人数
业务员				
调研员				
分析师				
策划师				
信息员				
协调员				
情报员				
研究员				
法律顾问				
资料员				
经办人签字：	抄送人签字：	审核人签字：	日期：	

A10-5　人员招聘表(第　　组)

职位	工作形式	合同签订时间	工资/(元/月)	招募人数
业务员				
调研员				
分析师				
策划师				
信息员				
协调员				
情报员				
研究员				
法律顾问				
资料员				

经办人签字：　　抄送人签字：　　审核人签字：　　日期：

A10-6　人员招聘表(第　　组)

职位	工作形式	合同签订时间	工资/(元/月)	招募人数
业务员				
调研员				
分析师				
策划师				
信息员				
协调员				
情报员				
研究员				
法律顾问				
资料员				

经办人签字：　　抄送人签字：　　审核人签字：　　日期：

A10-7　人员招聘表(第　　　组)

职位	工作形式	合同签订时间	工资/(元/月)	招募人数
业务员				
调研员				
分析师				
策划师				
信息员				
协调员				
情报员				
研究员				
法律顾问				
资料员				
经办人签字：	抄送人签字：	审核人签字：	日期：	

A10-8　人员招聘表(第　　　组)

职位	工作形式	合同签订时间	工资/(元/月)	招募人数
业务员				
调研员				
分析师				
策划师				
信息员				
协调员				
情报员				
研究员				
法律顾问				
资料员				
经办人签字：	抄送人签字：	审核人签字：	日期：	

A11-1　工资发放单(第　　　组)

职位	工作形式	金额/元
业务员		
调研员		
分析师		
策划师		
信息员		
协调员		
情报员		
研究员		
法律顾问		
资料员		
经办人签字：　　　　抄送人签字：	审核人签字：	日期：

A11-2　工资发放单(第　　　组)

职位	工作形式	金额/元
业务员		
调研员		
分析师		
策划师		
信息员		
协调员		
情报员		
研究员		
法律顾问		
资料员		
经办人签字：　　　　抄送人签字：	审核人签字：	日期：

A11-3　工资发放单(第　　组)

职位	工作形式	金额/元
业务员		
调研员		
分析师		
策划师		
信息员		
协调员		
情报员		
研究员		
法律顾问		
资料员		
经办人签字：	抄送人签字：　　　审核人签字：	日期：

A11-4　工资发放单(第　　组)

职位	工作形式	金额/元
业务员		
调研员		
分析师		
策划师		
信息员		
协调员		
情报员		
研究员		
法律顾问		
资料员		
经办人签字：	抄送人签字：　　　审核人签字：	日期：

A11-5　工资发放单(第　　　组)

职位	工作形式	金额/元
业务员		
调研员		
分析师		
策划师		
信息员		
协调员		
情报员		
研究员		
法律顾问		
资料员		

经办人签字：　　　　抄送人签字：　　　　审核人签字：　　　　日期：

A11-6　工资发放单(第　　　组)

职位	工作形式	金额/元
业务员		
调研员		
分析师		
策划师		
信息员		
协调员		
情报员		
研究员		
法律顾问		
资料员		

经办人签字：　　　　抄送人签字：　　　　审核人签字：　　　　日期：

A11-7　工资发放单(第　　组)

职位	工作形式	金额/元
业务员		
调研员		
分析师		
策划师		
信息员		
协调员		
情报员		
研究员		
法律顾问		
资料员		

经办人签字：　　抄送人签字：　　审核人签字：　　日期：

A11-8　工资发放单(第　　组)

职位	工作形式	金额/元
业务员		
调研员		
分析师		
策划师		
信息员		
协调员		
情报员		
研究员		
法律顾问		
资料员		

经办人签字：　　抄送人签字：　　审核人签字：　　日期：

A12　物资采购总计划（第　　　组）

物资名称	规格	采购单价/元	租赁单价/（元/天）	采购总量	金额
耗材	套	200	—		
电脑	台	8 000	200		
录音笔	个	1 000	50		
投影仪	台	5 000	150		
打印机	台	3 000	100		
数据分析软件	套	20 000	2 000		
舆情监测系统	套	50 000	5 000		

A13-1　物资采购单(第　　组)

物资采购单		日期：　　年　　月　　日					
物资名称	规格	采购单价/元	租赁单价/(元/天)	采购方式		采购总量	金额
				购买	租赁		
耗材	套	200	—				
电脑	台	8 000	200				
录音笔	个	1 000	50				
投影仪	台	5 000	150				
打印机	台	3 000	100				
数据分析软件	套	20 000	2 000				
舆情监测系统	套	50 000	5 000				

A13-2　物资采购单(第　　组)

物资采购单		日期：　　年　　月　　日					
物资名称	规格	采购单价/元	租赁单价/(元/天)	采购方式		采购总量	金额
				购买	租赁		
耗材	套	200	—				
电脑	台	8 000	200				
录音笔	个	1 000	50				
投影仪	台	5 000	150				
打印机	台	3 000	100				
数据分析软件	套	20 000	2 000				
舆情监测系统	套	50 000	5 000				

A13-3　物资采购单(第　　组)

物资采购单　　　日期：　　年　　月　　日							
物资名称	规格	采购单价/元	租赁单价/(元/天)	采购方式		采购总量	金额
				购买	租赁		
耗材	套	200	—				
电脑	台	8 000	200				
录音笔	个	1 000	50				
投影仪	台	5 000	150				
打印机	台	3 000	100				
数据分析软件	套	20 000	2 000				
舆情监测系统	套	50 000	5 000				

A13-4　物资采购单(第　　组)

物资采购单　　　日期：　　年　　月　　日							
物资名称	规格	采购单价/元	租赁单价/(元/天)	采购方式		采购总量	金额
				购买	租赁		
耗材	套	200	—				
电脑	台	8 000	200				
录音笔	个	1 000	50				
投影仪	台	5 000	150				
打印机	台	3 000	100				
数据分析软件	套	20 000	2 000				
舆情监测系统	套	50 000	5 000				

A13-5　物资采购单(第　　组)

物资采购单　　日期：　年　　月　　日							
物资名称	规格	采购单价/元	租赁单价/(元/天)	采购方式		采购总量	金额
				购买	租赁		
耗材	套	200	—				
电脑	台	8 000	200				
录音笔	个	1 000	50				
投影仪	台	5 000	150				
打印机	台	3 000	100				
数据分析软件	套	20 000	2 000				
舆情监测系统	套	50 000	5 000				

A13-6　物资采购单(第　　组)

物资采购单　　日期：　年　　月　　日							
物资名称	规格	采购单价/元	租赁单价/(元/天)	采购方式		采购总量	金额
				购买	租赁		
耗材	套	200	—				
电脑	台	8 000	200				
录音笔	个	1 000	50				
投影仪	台	5 000	150				
打印机	台	3 000	100				
数据分析软件	套	20 000	2 000				
舆情监测系统	套	50 000	5 000				

A13-7　物资采购单(第　　组)

物资采购单　　　日期：　　年　　　月　　日							
物资名称	规格	采购单价/元	租赁单价/(元/天)	采购方式		采购总量	金额
				购买	租赁		
耗材	套	200	—				
电脑	台	8 000	200				
录音笔	个	1 000	50				
投影仪	台	5 000	150				
打印机	台	3 000	100				
数据分析软件	套	20 000	2 000				
舆情监测系统	套	50 000	5 000				

A13-8　物资采购单(第　　组)

物资采购单　　　日期：　　年　　　月　　日							
物资名称	规格	采购单价/元	租赁单价/(元/天)	采购方式		采购总量	金额
				购买	租赁		
耗材	套	200	—				
电脑	台	8 000	200				
录音笔	个	1 000	50				
投影仪	台	5 000	150				
打印机	台	3 000	100				
数据分析软件	套	20 000	2 000				
舆情监测系统	套	50 000	5 000				

A14-1　设备维修单(第　　组)

设备维修单			
填表日期：　年　月　日			
设备名称	维修数量	维修起止时间	维修费
经办人签字：	抄送人签字：	审核人签字：	

A14-2　设备维修单(第　　组)

设备维修单			
填表日期：　年　月　日			
设备名称	维修数量	维修起止时间	维修费
经办人签字：	抄送人签字：	审核人签字：	

A14-3　设备维修单(第　　组)

设备维修单			
填表日期：　年　月　日			
设备名称	维修数量	维修起止时间	维修费
经办人签字：	抄送人签字：	审核人签字：	

A14-4　设备维修单(第　　组)

设备维修单			
填表日期：　年　月　日			
设备名称	维修数量	维修起止时间	维修费
经办人签字：	抄送人签字：	审核人签字：	

A14-5　设备维修单（第　　　组）

设备维修单			
填表日期：　　年　　月　　日			
设备名称	维修数量	维修起止时间	维修费
经办人签字：	抄送人签字：	审核人签字：	

A14-6　设备维修单（第　　　组）

设备维修单			
填表日期：　　年　　月　　日			
设备名称	维修数量	维修起止时间	维修费
经办人签字：	抄送人签字：	审核人签字：	

A14-7　设备维修单（第　　　组）

设备维修单			
填表日期：　　年　　月　　日			
设备名称	维修数量	维修起止时间	维修费
经办人签字：	抄送人签字：	审核人签字：	

A14-8　设备维修单（第　　　组）

设备维修单			
填表日期：　　年　　月　　日			
设备名称	维修数量	维修起止时间	维修费
经办人签字：	抄送人签字：	审核人签字：	

A15　成本估算表　单位:元(第　　　组)

项目总预算:	本回合初始资金:
固定费用估算:	材料成本估算:
其他费用估算:	人员成本估算:
设备成本估算:	
经办人签字:　　　　　抄送人签字:　　　　　审核人签字:	

A16　成本计划表(第　　　组)

任务列表	WBS编号	前置任务	工期天数	开始时间	结束时间	人员成本	物资成本	总成本
项目准备阶段	1	—						
确定需求与目标	1.1	—						
危机背景调查	1.2	1.1						
确定处置方案	1.3	1.2						
危机公关初试	2	—						
数据收集	2.1	1.3						
信息发布	2.2	2.1						
处置方案升级	3	—						
成果对比与反馈	3.1	2.2						
处置方案升级编制与提交	3.2	3.1						
危机公关再试	4	—						
数据收集	4.1	3.2						
信息发布	4.2	4.1						
风险管控阶段	5	—						
风险识别与评估	5.1	4.2						
风险应对措施制定	5.2	5.1						
风险报告与沟通	5.3	5.2						
项目验收	6	5.3						

经办人签字:　　　　　抄送人签字:　　　　　审核人签字:

A17-1　现金流量表　单位:元(第　　　组)

现金流出项	流出金额	实际流出时间	现金流入项	流入金额	实际流入时间
本月结算工资			上月结余		
银行利息			合同预付款		
维修费用			银行贷款		
维修费用					
维修费用					
物资购买					
物资购买					
物资购买					

结转:

经办人:　　　　　　抄送人:　　　　　　审核人:

A17-2　现金流量表　单位:元(第　　　组)

现金流出项	流出金额	实际流出时间	现金流入项	流入金额	实际流入时间
本月结算工资			上月结余		
银行利息			合同预付款		
维修费用			银行贷款		
维修费用					
维修费用					
物资购买					
物资购买					
物资购买					

结转:

经办人:　　　　　　抄送人:　　　　　　审核人:

A17-3　现金流量表　单位:元(第　　组)

现金流出项	流出金额	实际流出时间	现金流入项	流入金额	实际流入时间
本月结算工资			上月结余		
银行利息			合同预付款		
维修费用			银行贷款		
维修费用					
维修费用					
物资购买					
物资购买					
物资购买					
结转:					
经办人:　　　　抄送人:　　　　审核人:					

A17-4　现金流量表　单位:元(第　　组)

现金流出项	流出金额	实际流出时间	现金流入项	流入金额	实际流入时间
本月结算工资			上月结余		
银行利息			合同预付款		
维修费用			银行贷款		
维修费用					
维修费用					
物资购买					
物资购买					
物资购买					
结转:					
经办人:　　　　抄送人:　　　　审核人:					

A17-5　现金流量表　单位:元(第　　组)

现金流出项	流出金额	实际流出时间	现金流入项	流入金额	实际流入时间
本月结算工资			上月结余		
银行利息			合同预付款		
维修费用			银行贷款		
维修费用					
维修费用					
物资购买					
物资购买					
物资购买					

结转:

经办人:　　　　抄送人:　　　　审核人:

A17-6　现金流量表　单位:元(第　　组)

现金流出项	流出金额	实际流出时间	现金流入项	流入金额	实际流入时间
本月结算工资			上月结余		
银行利息			合同预付款		
维修费用			银行贷款		
维修费用					
维修费用					
物资购买					
物资购买					
物资购买					

结转:

经办人:　　　　抄送人:　　　　审核人:

A17-7　现金流量表　单位:元(第　　组)

现金流出项	流出金额	实际流出时间	现金流入项	流入金额	实际流入时间
本月结算工资			上月结余		
银行利息			合同预付款		
维修费用			银行贷款		
维修费用					
维修费用					
物资购买					
物资购买					
物资购买					

结转:

经办人:　　　　抄送人:　　　　审核人:

A17-8　现金流量表　单位:元(第　　组)

现金流出项	流出金额	实际流出时间	现金流入项	流入金额	实际流入时间
本月结算工资			上月结余		
银行利息			合同预付款		
维修费用			银行贷款		
维修费用					
维修费用					
物资购买					
物资购买					
物资购买					

结转:

经办人:　　　　抄送人:　　　　审核人:

A18　现金流量总表　单位:元(第　　　组)

现金流出项	流出金额	实际流出时间	现金流入项	流入金额	实际流入时间
银行本金			上月结余		
			甲方支付尾款		
			甲方质保金		
结转:					
经办人:　　　　抄送人:　　　　审核人:					

A19-1　存款单/贷款单(第　　组)

银行名称	业务类型 (存款/贷款)	业务形式 (年利率5%)	金额/元	提交日期	周期

经办人签字：　　　　抄送人签字：　　　　审核人签字：

A19-2　存款单/贷款单(第　　组)

银行名称	业务类型 (存款/贷款)	业务形式 (年利率5%)	金额/元	提交日期	周期

经办人签字：　　　　抄送人签字：　　　　审核人签字：

A19-3　存款单/贷款单(第　　组)

银行名称	业务类型 (存款/贷款)	业务形式 (年利率5%)	金额/元	提交日期	周期

经办人签字：　　　　抄送人签字：　　　　审核人签字：

A19-4 存款单/贷款单(第 组)

银行名称	业务类型（存款/贷款）	业务形式（年利率5%）	金额/元	提交日期	周期

经办人签字： 抄送人签字： 审核人签字：

A19-5 存款单/贷款单(第 组)

银行名称	业务类型（存款/贷款）	业务形式（年利率5%）	金额/元	提交日期	周期

经办人签字： 抄送人签字： 审核人签字：

A19-6 存款单/贷款单(第 组)

银行名称	业务类型（存款/贷款）	业务形式（年利率5%）	金额/元	提交日期	周期

经办人签字： 抄送人签字： 审核人签字：

A19-7　存款单/贷款单(第　　　组)

银行名称	业务类型（存款/贷款）	业务形式（年利率5%）	金额/元	提交日期	周期

经办人签字：　　　　　抄送人签字：　　　　　审核人签字：

A19-8　存款单/贷款单(第　　　组)

银行名称	业务类型（存款/贷款）	业务形式（年利率5%）	金额/元	提交日期	周期

经办人签字：　　　　　抄送人签字：　　　　　审核人签字：

A20　工资明细表(第　　　组)

姓名	工作形式	职位	总计/元

续表

姓名	工作形式	职位	总计/元
经办人签字：	抄送人签字：	审核人签字：	

A21　净值分析表(第　　组)

任务列表	任务完成度	PV	AC	EV	SV	CV	CPI	SPI
项目准备阶段								
确定需求与目标								
危机背景调查								
确定处置方案								
危机公关初试								
数据收集								
信息发布								
处置方案升级								
成果对比与反馈								
处置方案升级编制与提交								
危机公关再试								
数据收集								
信息发布								
风险管控阶段								
风险识别与评估								
风险应对措施制定								
风险报告与沟通								
项目验收								

经办人签字：　　　　抄送人签字：　　　　审核人签字：

A22　风险管理表（第　　　组）

风险内容	实际损失/元	补救措施	负责人

经办人签字：　　　　抄送人签字：　　　　审核人签字：

A23　项目负责人决策日志(第　　　组)

序号	决策项目	决策内容	决策人	提交日期	执行时间	操作 (同意/驳回)

续表

序号	决策项目	决策内容	决策人	提交日期	执行时间	操作（同意/驳回）

经办人签字：　　　　抄送人签字：　　　　审核人签字：

项目六　商业项目管理实验总结

一、实验目标

(1)总结竞争环境下商业项目管理的实践经验,精准识别自身在商业项目管理各环节的优势与不足,明晰能力边界。

(2)横向对比不同项目管理案例,深度挖掘知识短板,明确商业项目管理学习的核心方向,规划能力提升路径。

二、实验要求

学生基于前期实验过程,沉淀实践收获与心得,进一步理解商业项目管理逻辑,精准把握商业项目管理实际操作的关键点,强化理论与实践融合认知。

三、实验步骤

(1)在教师的指导下,聚焦各类商业项目管理场景,对比计划和实际执行的差异,剖析风险产生的原因及其应对措施有效性,总结项目成败的原因,并整理记录。其间,教师对各小组进行打分评价,针对学生操作过程中产生的问题进行讨论,完成实验分析总结。

(2)学生分组进行实验总结报告汇报。

(3)教师总结实验课程,围绕不同类型商业项目管理模拟竞赛,提炼学生操作优缺点,系统梳理全流程管理要点,为后续实践奠定了理论与方法基础。

四、实验总结

结合实验所学,撰写《商业项目管理实验总结报告》,字数不少于1000字,一律采用手写。要求文本格式规范,内容充实,逻辑清晰顺畅,结构严谨,语言准确精练,并在课程结束后上交。

商业项目管理实验总结报告

姓名:______　　班级:______　　学号:______　　得分:______